"十四五"职业教育国家规划教材

高等职业教育校企"双元"合作开发教材

ERP供应链管理系统综合实训

（第五版）（用友U8V10.1版）

新准则 新税率

主　编　牛永芹　杨　琴　陶克三

副主编　何亚伟　弋兴飞　王海生

ERP GONGYINGLIAN GUANLI
XITONG ZONGHE SHIXUN

新形态
教材

本书另配：账　　套
　　　　　录　　屏
　　　　　课　　件
　　　　　教　　案
　　　　　课程标准

中国教育出版传媒集团

高等教育出版社·北京

内容提要

本书是"十四五"职业教育国家规划教材，是高等职业教育校企"双元"合作开发教材。

为使读者熟悉信息环境下供应链业务的处理方法和处理流程，本书以一个商业企业的经济业务为原型编写综合实训并附结果账套，为检验学习效果，本书还提供有模拟题，以突出实务为指导思想，满足不同层次教学需求。

本书共分四个项目，项目一以商业企业一个月的业务活动展现账套建立、基础信息设置、日常业务、期末业务及报表处理；项目二至项目四分别以不同难易程度的模拟题检验学习效果。

本书可作为高等院校会计等经济管理相关专业的会计信息化教学用书，也可作为社会从业人员的辅导用书。

图书在版编目(CIP)数据

ERP供应链管理系统综合实训：用友 U8 V10.1 版 / 牛永芹，杨琴，陶克三主编. —5 版. —北京：高等教育出版社，2023.8 (2024.7重印)

ISBN 978 - 7 - 04 - 059852 - 0

Ⅰ.①E… Ⅱ.①牛… ②杨… ③陶… Ⅲ.①企业管理-供应链管理-计算机管理系统-高等职业教育-教材 Ⅳ.①F274 - 39

中国国家版本馆 CIP 数据核字(2023)第 007530 号

策划编辑	毕颖娟 蒋 芬	责任编辑	蒋 芬	封面设计	张文豪	责任印制	高忠富

出版发行	高等教育出版社	网　　址	http://www.hep.edu.cn
社　　址	北京市西城区德外大街 4 号		http://www.hep.com.cn
邮政编码	100120	网上订购	http://www.hepmall.com.cn
印　　刷	上海叶大印务发展有限公司		http://www.hepmall.com
开　　本	787mm×1092mm　1/16		http://www.hepmall.cn
印　　张	15.5	版　　次	2023 年 8 月第 5 版
字　　数	394 千字		2016 年 2 月第 1 版
购书热线	010-58581118	印　　次	2024 年 7 月第 2 次印刷
咨询电话	400-810-0598	定　　价	37.00 元

第五版前言

本书是"十四五"职业教育国家规划教材。

本书自出版以来，承蒙读者厚爱，取得了较好的效果。应广大读者的要求，同时为体现最新职业教育工作要求和财税政策的变化，我们对第四版教材内容进行了全面更新。

本次修订中，本书通过有机融入文化自信、诚实守信、协同创新、工匠精神等课程思政内容，全面贯彻党的教育方针，落实立德树人根本任务，培养德智体美劳全面发展的中国式现代化的建设者和接班人。此外，针对业务内容和实践操作，主要在以下方面进行了改进：

（1）依据最新财税政策更新全部业务。

（2）书中综合练习的每一个业务题都提供操作录屏，以二维码的形式呈现在书中。

本实训书与其他 ERP 供应链实训书相比，具有以下明显的特点：

（1）仿真性强。本书以某商业企业一个月的业务为主要素材进行编写，供应链业务类型丰富且业务描述以原始单据形式呈现，能够更好地培养学生的会计职业操作能力。

（2）教学资源丰富。本书，校企合作共同开发教学资源，包括账套、录屏、课件、教案、课程标准等，以丰富的资源为课程学习提供全面支持。教师可按本书末页教学资源服务指南与高等教育出版社联系获取。

（3）教学与实践相结合。在本书编写过程中，编者深入企业、财务咨询公司等单位进行调研，收集了大量素材和业务资料，使本书内容能与实践接轨。为满足不同层次教学需求，本书编写了三套难易程度不同的期末测试模拟题，教师可选择使用，以检验教学及学生学习效果。

本书由安徽商贸职业技术学院牛永芹、杨琴、陶克三担任主编，安徽商贸职业技术学院何亚伟、弋兴飞、王海生担任副主编。

由于编者水平有限，对实际工作研究不够全面，书中难免存在疏漏和不当之处，在此，我们期待使用本书的教师和学生不吝指正，以便今后不断完善。

编　者

2023 年 8 月

目　录

项目一 综合实训

实训一 账套建立

一、企业背景资料

（一）企业概况

企业名称：合肥飞翔电器销售公司。

企业地址：合肥市庐阳区长江中路 355 号。

企业电话：0551 - 99878897。

法定代表人：王翔。

企业类型：商业企业，增值税一般纳税人。

纳税人识别号：913401092876591456。

开户银行及账号：交通银行合肥市长江路支行，3324844655783652598。

企业主营业务：洗衣机、冰箱、空调及配件的销售。

供应商主要包括：青岛海尔集团洗衣机有限公司、广东美的精品电器制造有限公司、海信容声冰箱有限公司和金鑫家电配件制造有限公司。

客户主要包括：合肥市及其周边的家电及电器经销商及零售商。

（二）操作要求

1. 科目设置要求

"应付账款"科目下设"暂估应付款"和"一般应付款"两个二级科目，其中"一般应付款"科目设置为受控于应付款系统，"暂估应付款"科目设置为不受控于应付款系统。

"预收账款"科目下设"一般预收款"和"定金"两个二级科目，其中"一般预收款"科目设置为受控于应收款系统，"定金"科目设置为不受控与应收款系统。

2. 辅助核算要求

日记账：库存现金、银行存款、银行存款/交行存款。

银行账：银行存款、银行存款/交行存款。

客户往来：应收票据、应收账款、预收账款/一般预收款、预收账款/定金。

供应商往来：应付票据、应付账款/一般应付款、应付账款/暂估应付款、预付账款。

3. 会计凭证的基本规定

（1）录入或生成"记账凭证"均由指定的会计人员操作，不需要出纳签字。

（2）采用复式记账凭证，采用单一凭证格式。

（3）对已记账凭证的修改，只采用红字冲销法。

（4）为保证财务与业务数据的一致性，能在业务系统生成的记账凭证不得在总账系统直接录入。

（5）根据原始单据生成记账凭证时，除特殊规定外不采用合并制单。

（6）收到发票同时支付款项的业务，根据题目要求选择是否使用现付功能处理。

（7）开出发票同时收到款项的业务，根据题目要求选择是否使用现结功能处理。

4. 货币资金业务的处理

公司采用的结算方式包括现金、支票、汇票、电汇、委托收款等结算方式。收、付款业务由财务部门根据有关凭证进行处理。

5. 存货业务的处理

（1）公司存货包括商品、配件、受托代销品、赠品四类，按存货分类进行存放。

（2）赠品类存货只在库存管理系统中登记出入库数量，不核算出入库成本。

（3）除赠品类存货外，按照实际成本核算，采用永续盘存制；发出存货成本采用"移动平均法"按仓库进行核算，普通采购业务入库存货对方科目全部使用"在途物资"科目，受托代销入库存货对方科目使用"受托代销商品款"科目，委托代销成本核算方式按发出商品核算。

（4）采购、销售必有订单，订单号为合同号；发票号、零售日报号为必填项；到货必有到货单，发货必有发货单。

（5）出库单与入库单原始凭证以软件系统生成的为准。

（6）存货按业务发生日期逐笔记账并制单，暂估业务除外（其中普通销售业务货物先于开票时间发出的，按开具发票业务发生日期逐笔记账并制单）。

（7）存货核算系统制单时，仅在采购业务出现非合理损耗业务时允许勾选"已结算采购入库单自动选择全部结算单上单据，包括入库单、发票、付款单，非本月采购入库按蓝字报销单制单"选项。其他情况不允许勾选"已结算采购入库单自动选择全部结算单上单据，包括入库单、发票、付款单，非本月采购入库按蓝字报销单制单"选项。

6. 财产清查的处理

公司期末对存货进行清查，根据盘点结果编制"盘点表"，并与账面数据进行比较，由单位主管部门审核后进行处理。

7. 损益类科目的结转

每月末将各损益类科目余额转入"本年利润"科目，结转时按收入和支出分别生成记账凭证。

二、建立账套

（一）账套信息

账套号：801。

账套名称：合肥飞翔电器销售公司。

启用日期：2023 年 1 月。

其他：默认。

（二）单位信息

单位名称：合肥飞翔电器销售公司。

单位简称：合肥飞翔。

单位地址：合肥市庐阳区长江中路 355 号。

法人代表：王翔。

联系电话：0551 - 99878897。

纳税人识别号：913401092876591456。

其他：默认。

(三) 核算类型

企业类型：商业。

行业性质：2007 年新会计制度科目。

其他：默认。

(四) 基础信息

存货是否分类：是。

客户是否分类：否。

供应商是否分类：否。

有无外币核算：否。

(五) 编码方案

会计科目编码：4 - 2 - 2 - 2 - 2。

收发类别编码：1 - 1 - 2。

其他：默认。

(六) 数据精度

默认。

(七) 系统启用

立即启用总账、销售管理、采购管理、库存管理、存货核算、应收款管理、应付款管理，启用时间均为 2023 年 1 月 1 日。

三、设置操作员及其权限(表 1-1)

表 1-1 用户及其权限

操作员编码	操作员姓名	所属部门	操 作 分 工
A01	王 翔	经理办公室	账套主管
W01	张 国	财务部	凭证审核、总账结账
W02	孙 庆	财务部	总账(填制、查询凭证、账表、期末处理、记账)、应收应付系统权限、存货核算、UFO 报表权限
W03	周 冲	财务部	总账(出纳签字),票据管理,收付款单填制权限(卡片编辑、卡片删除、卡片查询、列表查询)
X01	李 力	销售部	销售管理的全部权限
G01	杨 钱	采购部	采购管理的全部权限
C01	许 良	仓储部	库存管理的全部权限 公用目录和公共单据权限

1

四、备份账套数据

在 D 盘建立"实训账套"文件夹,并在该文件夹下建立"1-1"文件夹,将账套备份至此文件夹。

实训二　基础信息设置

一、设置子系统参数(表 1-2)

表 1-2　设置各子系统选项

子 系 统	选 项 卡	选 项 设 置
采购管理	业务及权限控制	1. "业务选项"选中"启用受托代销" 2. "单行容差"修改为"10.00" 3. "合计容差"修改为"50.00"
销售管理	业务控制	1. 选中"有零售日报业务" 2. 选中"有直运销售业务" 3. 选中"有委托代销业务" 4. 取消"销售生成出库单" 5. 取消"报价含税"
	其他控制	1. "新增发货单默认"选择"不参照单据" 2. "新增退货单默认"选择"不参照单据" 3. "新增发票默认"选择"不参照单据"
库存管理	通用设置	"修改现存量时点"选中"采购入库审核时改现存量、销售出库审核时改现存量、其他出入库审核时改现存量"
	专用设置	1. 选中"允许超采购到货单入库" 2. "自动带出单价的单据"选择"销售出库单、其他出库单、盘点单"
存货核算	核算方式	1. "核算方式"选择"按仓库核算" 2. "暂估方式"选择"单到回冲" 3. "委托代销成本核算方式"选择"按发出商品核算"
应收款管理	常　规	1. "单据审核日期依据"选择"单据日期" 2. "坏账处理方式"选择"应收余额百分比法" 3. 选中"自动计算现金折扣"
	凭　证	"受控科目制单方式"选择"明细到单据" "销售科目依据"选择"按销售类型"
	权限与预警	取消"控制操作员权限"
应付款管理	常　规	1. "单据审核日期依据"选择"单据日期" 2. 选中"自动计算现金折扣"
	凭　证	"受控科目制单方式"选择"明细到单据" "采购科目依据"选择"按采购类型"
	权限与预警	取消"控制操作员权限"

续 表

子系统	选项卡	选 项 设 置
总 账	凭 证	"凭证控制"取消"现金流量科目必录现金流量项目" "凭证控制"选中"自动填补凭证断号"
	权 限	取消"允许修改、作废他人填制的凭证"

二、企业基础资料

（一）设置部门档案（表1-3）

表1-3 部门档案

部门编码	部门名称	成 立 日 期
1	经理办公室	2023年1月1日
2	财务部	2023年1月1日
3	销售部	2023年1月1日
4	采购部	2023年1月1日
5	仓储部	2023年1月1日

（二）设置人员档案（表1-4）

表1-4 人员档案

人员编码	人员名称	性别	行政部门	雇佣状态	人员类别	是否业务员
A01	王 翔	男	经理办公室	在职	正式工	是
W01	张 国	男	财务部	在职	正式工	是
W02	孙 庆	男	财务部	在职	正式工	是
W03	周 冲	男	财务部	在职	正式工	是
X01	李 力	男	销售部	在职	正式工	是
X02	郑 想	女	销售部	在职	正式工	是
X03	吴 方	女	销售部	在职	正式工	是
X04	陈 思	女	销售部	在职	正式工	是
X05	蒋 芯	女	销售部	在职	正式工	是
G01	杨 钱	男	采购部	在职	正式工	是
C01	许 良	男	仓储部	在职	正式工	是

（三）设置存货信息

1. 存货分类（表 1-5）

表 1-5　存货分类资料

分类编码	分类名称
01	商品
02	配件
03	受托代销品
04	赠品
05	劳务费用

2. 计量单位组与计量单位

（1）计量单位组（表 1-6）。

表 1-6　计量单位组资料

计量单位组编码	计量单位组名称	计量单位组类别
01	基本单位	无换算率

（2）计量单位（表 1-7）。

表 1-7　计量单位资料

计量单位编码	计量单位名称	计量单位组编码	计量单位组名称
101	台	01	基本单位
102	只	01	基本单位
103	个	01	基本单位
104	盒	01	基本单位
105	片	01	基本单位
106	件	01	基本单位
107	公里*	01	基本单位
108	次	01	基本单位

（3）存货档案（表 1-8）。

表 1-8　存货档案

分类编码	分类名称	存货编码	存货名称	规格型号	计量单位组名称	主计量单位	存货属性	销项/进项税率	入库超额上限
1	商品	0101	直筒洗衣机	MBR-702	基本单位	台	内销、外购	13%	
		0102	滚筒洗衣机	MDR-715	基本单位	台	内销、外购	13%	
		0103	壁挂式空调	BGS-356	基本单位	台	内销、外购	13%	

---

* 本书因配套软件中实际生成业务需要，以"公里"作为路程计量单位。

续 表

分类编码	分类名称	存货编码	存货名称	规格型号	计量单位组名称	主计量单位	存货属性	销项/进项税率	入库超额上限
1	商品	0104	立柜式空调	LGS－726	基本单位	台	内销、外购	13％	
		0105	双开门冰箱	BCD－400	基本单位	台	内销、外购	13％	
		0106	多开门冰箱	BFD－600	基本单位	台	内销、外购	13％	
2	配件	0201	主机控制板	DAH－564	基本单位	件	内销、外购	13％	
		0202	触摸开关	CMK－956	基本单位	只	内销、外购	13％	2
		0203	遥控开关	KZB－152	基本单位	个	内销、外购	13％	
		0204	照明灯	ZMD－963	基本单位	个	内销、外购	13％	
		0205	温度器	DJH－982	基本单位	个	内销、外购	13％	
		0206	电器盒	YKK－576	基本单位	件	内销、外购	13％	
3	受托代销品	0301	电机	YSH－215	基本单位	台	内销、外购、受托代销	13％	
		0302	压缩机	WDQ－365	基本单位	台	内销、外购、受托代销	13％	
4	赠品	0401	接线板		基本单位	个	内销、外购	13％	
		0402	五金工具套装		基本单位	盒	内销、外购	13％	
5	劳务费用	0501	运输费用		基本单位	公里	内销、外购、应税劳务	9％	
		0502	装卸费用		基本单位	次	内销、外购、应税劳务	6％	
		0503	代销手续费		基本单位	次	内销、外购、应税劳务	6％	

(四) 设置仓库档案(表1－9)

表1－9 仓 库 档 案

仓库编码	仓库名称	计价方式	是否计入成本
001	商品库	移动平均法	是
002	配件库	移动平均法	是
003	代销库	移动平均法	是
004	赠品库	移动平均法	否

1

（五）设置收发类别（表1-10）

表1-10　收发类别资料

收发类别	类别编码	类别名称	收发标志
收	1	入库	收
	11	库存管理	收
	1101	采购入库	收
	1102	赠品入库	收
	1103	受托代销入库	收
	1104	盘盈入库	收
	1105	其他入库	收
	12	免核算管理入库	收
	1201	直接领用商品	收
	13	非库存管理入库	收
	1301	应税劳务	收
发	2	出库	发
	21	库存管理	发
	2101	销售出库	发
	2102	手续费模式代销出库	发
	2103	视同买断模式代销出库	发
	2104	委托代销出库	发
	2105	展销出库	发
	2106	盘亏出库	发
	2107	其他出库	发
	22	免核算管理出库	发
	2201	直接领用商品	发
	2202	自用不计成本商品	发
	23	非库存管理出库	发
	2301	应税劳务	发

（六）设置客户信息

1. 客户档案（表1-11）

表1-11　客户档案

客户编码	客户名称	客户简称	纳税人识别号	地址电话	开户银行	银行账号	默认值
01	合肥天马家电经营部	天马家电	91340105217551 0136	合肥市庐阳区二环路329号，0551-57652584	中国工商银行合肥市庐阳支行	4525621059186 961363	是

续　表

客户编码	客户名称	客户简称	纳税人识别号	地址电话	开户银行	银行账号	默认值
02	合肥卓越电器商行	卓越电器	9134010290 87372236	合肥市蜀山区金寨路 91 号,0551 - 96584214	中国建设银行合肥市蜀山支行	7878935366 458325256	是
03	合肥美乐家电经营部	美乐家电	9134010597 75797356	合肥市庐阳区长江中路 426 号,0551 - 58256566	中国农业银行合肥市庐阳支行	8521329867 347778789	是
04	合肥东科家电经营部	东科家电	9134010185 58368486	合肥市蜀山区望江西路 75 号,0551 - 74859656	中国工商银行合肥市蜀山支行	1704768504 356385213	是
05	合肥惠光电器经销部	惠光电器	9134010809 47886556	合肥市瑶海区站前路 645 号,0551 - 36953575	中国建设银行合肥市瑶海支行	8724465781 011441047	是
06	合肥七彩电器商行	七彩电器	9134010624 52376726	合肥市庐阳区庐江路 127 号,0551 - 72165060	中国农业银行合肥市庐阳支行	2880236289 520787244	是
07	合肥广聚源家电经销部	广聚源家电	9134010957 93870836	合肥市蜀山区官亭路 140 号,0551 - 05265209	中国银行合肥市蜀山支行	2193045899 201028802	是
08	合肥天鹅家电经营部	天鹅家电	9134010066 94669186	合肥市经济技术开发区玉屏路 189 号,0551 -74940175	中信银行合肥市瑶海支行	7103334539 120021934	是
09	金鑫家电配件制造有限公司	金鑫配件	9134010435 38369886	合肥市蜀山区临江东路 186 号,0551 - 74859656	中国工商银行合肥市蜀山支行	6754465534 320137819	是
10	合肥路路通快递有限责任公司	路路通快递	9134011039 65602556	合肥市包河区东流路 176 号,0551 - 62999666	中国建设银行合肥市东流支行	4321055698 762100122	是
11	合肥鸿盛五金电器	鸿盛五金		合肥市天香国际电子城 A 区 16 号,0551 -53836988			
12	合肥三元五金电器	三元五金		合肥市太湖路太湖苑 6 幢 12 号,0551 - 47418392			

2. 销售类型(表 1 - 12)

表 1 - 12　销售类型资料

销售类型编码	销售类型名称	出库类别	是否默认值
11	直接销售	销售出库	否
12	零售	销售出库	否

1

销售类型编码	销售类型名称	出 库 类 别	是否默认值
13	受托代销-手续费	手续费模式代销出库	否
14	受托代销-视同买断	视同买断模式代销出库	否
15	委托代销	委托代销出库	否
21	退货-直接销售	销售出库	否
22	退货-零售	销售出库	否
23	退货-受托代销-手续费	手续费模式代销出库	否
24	退货-受托代销-视同买断	视同买断模式代销出库	否
25	退货-委托代销	委托代销出库	否
31	代销手续费	应税劳务	否
32	其他	其他出库	否

（七）设置供应商信息

1. 供应商档案（表 1-13）

表 1-13 供应商档案

供应商编码	供应商名称	供应商简称	纳税人识别号	地址电话	开户银行	银行账号
01	青岛海尔集团洗衣机有限公司	海尔洗衣机	913702172165060546	青岛市海尔路 1 号海尔工业园创牌大楼,0532-78694532	中国工商银行青岛市海尔支行	7585924059687263343
02	广东美的精品电器制造有限公司	美的空调	914401005265209646	佛山市顺德区北滘镇林港美的工业城,0757-28694526	中国建设银行佛山市顺德支行	9888736356453241206
03	海信容声冰箱有限公司	容声冰箱	914401094749401756	佛山市顺德区容奇大道东 12 号,0757-54958532	中国农业银行佛山市顺德支行	1223324857365779980
04	金鑫家电配件制造有限公司	金鑫配件	913401043538369886	合肥市蜀山区临江东路 186 号,0551-74859656	中国工商银行合肥市蜀山支行	6754465534320137819
05	合肥惠光电器经销部	惠光电器	913401080947886556	合肥市瑶海区站前路 645 路,0551-36953575	中国建设银行合肥市瑶海支行	8724465781011441047
06	合肥路路通快递有限责任公司	路路通快递	913401103965602556	合肥市包河区东流路 176 号,0551-62999666	中国建设银行合肥市东流支行	4321055698762100122

2. 采购类型(表1-14)

表1-14 采购类型资料

采购类型编码	采购类型名称	入库类别	是否默认值	是否委外默认值
11	直接采购	采购入库	否	否
12	受托采购-手续费	受托代销入库	否	否
13	受托采购-视同买断	受托代销入库	否	否
21	退货-直接采购	采购入库	否	否
22	退货-受托采购-手续费	受托代销入库	否	否
23	退货-受托采购-视同买断	受托代销入库	否	否
31	采购职工福利品	直接领用商品	否	否
32	代销手续费	应税劳务	否	否
33	采购运费	应税劳务	否	否
34	销售运费	应税劳务	否	否
35	其他	其他入库	否	否

(八)设置费用项目信息

1. 费用项目分类(表1-15)

表1-15 费用项目分类资料

费用项目分类编码	费用项目分类名称
1	无分类

2. 费用项目(表1-16)

表1-16 费用项目资料

费用项目编码	费用项目名称	费用项目分类名称
01	运输费	无分类
02	装卸费	无分类
03	委托代销手续费	无分类

(九)设置财务信息

1. 会计科目设置(表1-17)

表1-17 会计科目资料

科目编码	科 目 名 称	余额方向	辅助账类型	受控系统
1001	库存现金	借	日记账	
1002	银行存款	借	日记账、银行账	

科目编码	科 目 名 称	余额方向	辅助账类型	受控系统
100201	交行存款	借	日记账、银行账	
1121	应收票据	借	客户往来	应收系统
1122	应收账款	借	客户往来	应收系统
1123	预付账款	借	供应商往来	应付系统
1321	受托代销商品	借		
1481	合同资产	借	客户往来	应收系统
2201	应付票据	贷	供应商往来	应付系统
2202	应付账款	贷		
220201	一般应付款	贷	供应商往来	应付系统
220202	暂估应付款	贷	供应商往来	
2203	预收账款	贷		
220301	一般预收款	贷	客户往来	应收系统
220302	定金	贷	客户往来	
2204	合同负债	贷	客户往来	应收系统
2221	应交税费	贷		
222101	应交增值税	贷		
22210101	进项税额	借		
22210102	转出未交增值税	借		
22210103	销项税额	贷		
22210104	进项税额转出	贷		
22210105	转出多交增值税	贷		
2314	受托代销商品款	贷	供应商往来	
4104	利润分配	贷		
410409	未分配利润	贷		
6601	销售费用	借		
660101	职工薪酬	借		
660102	广告费	借		
660103	委托代销手续费	借		
660104	展销赠品费	借		
660105	运输费用	借		
660109	其他	借		
6702	信用减值损失	借		

2. 凭证类别

设置凭证类别为"记账凭证"。

3. 结算方式（表1－18）

表1－18 结算方式资料

结算方式编码	结算方式名称
1	现金
2	支票
201	现金支票
202	转账支票
3	银行汇票
4	银行本票
5	商业汇票
501	商业承兑汇票
502	银行承兑汇票
6	电汇
9	其他

4. 付款条件（表1－19）

表1－19 付款条件资料

付款条件编码	付款条件名称	信用天数	优惠天数1	优惠率1	优惠天数2	优惠率2
01	2/10,1/20,n/30	30	10	2	20	1

5. 本单位开户银行

编码：01。

银行账号：3324844655783652598。

账户名称：合肥飞翔电器销售公司。

开户日期：2020年1月1日。

币种：人民币。

开户银行：交通银行合肥市长江路支行。

所属银行：交通银行。

（十）设置非合理损耗类型（表1－20）

表1－20 非合理损耗类型资料

非合理损耗类型编码	非合理损耗类型名称	是否默认值
01	运输部门责任	是

1

（十一）设置单据格式及编号

1. 单据格式设置

（1）销售专用发票表体增加"退补标志"项目，"数量"项目取消"必输"属性。

（2）委托代销结算单表头增加"发票号"项目。

（3）销售订单表头增加"必有定金、定金原币金额、定金本币金额"项目。

2. 单据编号

采购订单、采购普通发票、采购专用发票、销售订单、销售专用发票、销售普通发票、销售零售日报，完全手工编号。

（十二）设置数据权限控制

取消对所有"记录级"业务对象的权限控制。

三、企业各子系统初始设置与期初数据

（一）采购管理

期初采购入库单资料如下：

2022年12月30日，采购部杨钱自容声冰箱购入的50台双开门冰箱BCD-400，已验收入库，入商品库，暂估入库单位成本1 600元/台，采购类型为直接采购，入库类别为采购入库，专用发票未到，款未付。

（二）库存管理

仓库期初结存资料（表1-21）。

表 1-21 仓库期初存货结存数量

仓库名称	仓库编码	存货编码	存货名称	存货规格	主计量单位	数量	单价/元	金额/元
商品库	001	0101	直筒洗衣机	MBR-702	台	150	800.00	120 000.00
商品库	001	0102	滚筒洗衣机	MDR-715	台	170	1 600.00	272 000.00
商品库	001	0103	壁挂式空调	BGS-356	台	140	3 800.00	532 000.00
商品库	001	0104	立柜式空调	LGS-726	台	80	5 200.00	416 000.00
商品库	001	0105	双开门冰箱	BCD-400	台	110	1 600.00	176 000.00
商品库	001	0106	多开门冰箱	BFD-600	台	90	2 400.00	216 000.00
配件库	002	0201	主机控制板	DAH-564	件	130	1 500.00	195 000.00
配件库	002	0202	触摸开关	CMK-956	只	250	30.00	7 500.00
配件库	002	0203	遥控开关	KZB-152	个	280	60.00	16 800.00
配件库	002	0204	照明灯	ZMD-963	个	190	200.00	38 000.00
配件库	002	0205	温度器	DJH-982	个	500	5.00	2 500.00
配件库	002	0206	电器盒	YKK-576	件	180	700.00	126 000.00
赠品库	004	0401	接线板		个	490	0.00	

（三）存货核算

1. 初始设置

（1）存货科目（表 1-22）。

表 1-22 存货核算——存货科目

存货编码	存货名称	存货科目编码	存货科目名称	委托代销发出商品科目编码	委托代销发出商品科目名称	直运科目编码	直运科目名称
0101	直筒洗衣机	1405	库存商品	1406	发出商品	1402	在途物资
0102	滚筒洗衣机	1405	库存商品	1406	发出商品	1402	在途物资
0103	壁挂式空调	1405	库存商品	1406	发出商品	1402	在途物资
0104	立柜式空调	1405	库存商品	1406	发出商品	1402	在途物资
0105	双开门冰箱	1405	库存商品	1406	发出商品	1402	在途物资
0106	多开门冰箱	1405	库存商品	1406	发出商品	1402	在途物资
0201	主机控制板	1405	库存商品	1406	发出商品	1402	在途物资
0202	触摸开关	1405	库存商品	1406	发出商品	1402	在途物资
0203	遥控开关	1405	库存商品	1406	发出商品	1402	在途物资
0204	照明灯	1405	库存商品	1406	发出商品	1402	在途物资
0205	温度器	1405	库存商品	1406	发出商品	1402	在途物资
0206	电器盒	1405	库存商品	1406	发出商品	1402	在途物资
0301	电机	1321	受托代销商品				
0302	压缩机	1321	受托代销商品				

（2）对方科目（表 1-23）。

表 1-23 存货核算——对方科目

收发类别编码	收发类别名称	对方科目编码	对方科目名称	暂估科目编码	暂估科目名称
1101	采购入库	1402	在途物资	220202	暂估应付款
1103	受托代销入库	2314	受托代销商品款	2314	受托代销商品款
1104	盘盈入库	1901	待处理财产损溢		
2101	销售出库	6401	主营业务成本		
2102	手续费模式代销出库	2314	受托代销商品款		
2103	视同买断模式代销出库	6401	主营业务成本		
2104	委托代销出库	6401	主营业务成本		
2105	展销出库	660104	展销赠品费		
2106	盘亏出库	1901	待处理财产损溢		

1

2. 期初余额

除"0401 接线板"外,其他商品期初余额与库存管理子系统期初结存资料一致。

(四) 应收款管理

1. 初始设置

(1) 设置基本科目(表 1-24)。

表 1-24　应收款管理——基本科目

基础科目种类	科目	币种
应收科目	1122	人民币
预收科目	220301	人民币
销售收入科目	6001	人民币
税金科目	22210103	人民币
银行承兑科目	1121	人民币
商业承兑科目	1121	人民币
现金折扣科目	6603	人民币
销售定金科目	220302	人民币

(2) 设置产品科目(表 1-25)。

表 1-25　应收款管理——产品科目

业务类型编码	业务类型名称	销售收入科目	应交增值税科目	销售退回科目
11	直接销售	6001	22210103	6001
12	零售	6001	22210103	6001
13	受托代销-手续费	220202	22210103	220202
14	受托代销-视同买断	6001	22210103	6001
15	委托代销	6001	22210103	6001
21	退货-直接销售	6001	22210103	6001
22	退货-零售	6001	22210103	6001
23	退货-受托代销-手续费	220202	22210103	220202
24	退货-受托代销-视同买断	6001	22210103	6001
25	退货-委托代销	6001	22210103	6001
31	代销手续费	6051	22210103	6051

(3) 设置结算方式科目(表 1-26)。

表 1-26 应收款管理——结算方式科目

结算方式	币 种	科 目
1 现金	人民币	1001
201 现金支票	人民币	100201
202 转账支票	人民币	100201
3 银行汇票	人民币	100201
4 银行本票	人民币	100201
6 电汇	人民币	100201

（4）设置坏账准备

提取比率：0.5%；坏账准备期初余额：348.00；坏账准备科目：1231；对方科目：6702。

2. 期初余额

（1）应收票据（1121）期初余额（表 1-27）。

表 1-27 应收票据（1121）期初余额

日 期	客户简称	摘 要	方向	金额/元
2022-11-15	七彩电器	销售部吴方收到七彩电器签发的银行承兑汇票一张，票号 24711587，签发日期 2022-11-15，到期日 2023-4-15。承兑银行中国农业银行	借	58 200.00
2022-10-26	惠光电器	销售部吴方收到惠光电器签发的银行承兑汇票一张，票号 76984362，签发日期 2022-10-26，到期日 2023-3-26。承兑银行中国建设银行	借	36 160.00

（2）应收账款（1122）期初余额（表 1-28）。

表 1-28 应收账款（1122）期初余额

日 期	客户简称	摘 要	方向	金额/元
2022-12-8	天鹅家电	销售部陈思向天鹅家电销售 25 台滚筒洗衣机 MDR-715，不含税单价 2 400 元/台，开具专用发票，票号 35276169	借	67 800.00

（3）预收账款——一般预付款（220301）期初余额（表 1-29）。

表 1-29 预收账款——一般预收款（220301）期初余额

日 期	客户简称	摘 要	方向	金额/元
2022-12-22	卓越电器	销售部李力，收到卓越电器开具的转账支票，预付购货款，票号 82661834	贷	40 000.00
2022-12-26	美乐家电	销售部郑想，收到美乐家电开具的转账支票，预付购货款，票号 97980187	贷	80 000.00

1

（五）应付款管理

1. 初始设置

（1）基本科目设置（表1-30）。

表1-30　应付款管理——基本科目

基础科目种类	科　目	币　种
应付科目	220201	人民币
预付科目	1123	人民币
采购科目	1402	人民币
税金科目	22210101	人民币
银行承兑科目	2201	人民币
商业承兑科目	2201	人民币
现金折扣科目	6603	人民币

（2）控制科目设置。

应付科目均为220201，预付科目均为1123。

（3）产品科目设置（表1-31）。

表1-31　应付款管理——产品科目

业务类型编码	业务类型名称	采购科目	税金科目
11	直接采购	1402	22210101
12	受托采购-手续费	220202	22210101
13	受托采购-视同买断	2314	22210101
21	退货-直接采购	1402	22210101
22	退货-受托采购-手续费	220202	22210101
23	退货-受托采购-视同买断	2314	22210101
31	采购职工福利品	2211	22210101
32	代销手续费	660103	22210101
33	采购运费	1402	22210101
34	销售运费	660105	22210101

（4）结算方式科目设置（表1-32）。

表 1-32　应付款管理——结算方式科目

结算方式	币　种	科　目
1　现金	人民币	1001
201　现金支票	人民币	100201
202　转账支票	人民币	100201
3　银行汇票	人民币	100201
4　银行本票	人民币	100201
6　电汇	人民币	100201

2. 期初数据

(1) 应付账款——一般应付款(220201)期初余额(表 1-33)。

表 1-33　应付账款——一般应付款(220201)期初余额

日　期	供应商简称	摘　　要	方向	金额/元
2022-12-9	海尔洗衣机	采购部杨钱自海尔洗衣机购入 40 台壁挂式空调 BGS-356,不含税单价 3 800 元/台,收到专用发票,票号 65722007	贷	171 760.00

(2) 预付账款(1123)期初余额(表 1-34)。

表 1-34　预付账款(1123)期初余额

日　期	供应商简称	摘　　要	方向	金额/元
2022-12-18	美的空调	采购部杨钱,采用电汇方式向美的空调预付购货款,票号 98018248	借	32 000.00
2022-12-28	容声冰箱	采购部杨钱,采用电汇方式向容声冰箱预付购货款,票号 82451324	借	47 000.00

(六) 总账

1. 转账定义

定义"期间损益结转"凭证,本年利润科目设置为"4103　本年利润"。

2. 期初数据(表 1-27,表 1-28,表 1-29,表 1-33,表 1-34,表 1-35,表 1-36)

表 1-35　总账系统期初余额

科目编码	科目名称	方向	期初余额/元
1001	库存现金	借	3 000.00
1002	银行存款	借	5 000 000.00
100201	交行存款	借	5 000 000.00

续　表

科目编码	科目名称	方向	期初余额/元
1121	应收票据	借	94 360.00
1122	应收账款	借	67 800.00
1123	预付账款	借	79 000.00
1231	坏账准备	贷	348.00
1405	库存商品	借	2 117 800.00
1601	固定资产	借	7 985 600.00
1602	累计折旧	贷	814 300.00
2001	短期借款	贷	2 854 200.00
2202	应付账款	贷	256 320.00
220201	一般应付款	贷	171 760.00
220202	暂估应付款	贷	80 000.00
2203	预收账款	贷	120 000.00
220301	一般预收款	贷	120 000.00
2501	长期借款	贷	3 250 000.00
4001	实收资本	贷	4 067 000.00
4002	资本公积	贷	1 159 572.00
4101	盈余公积	贷	1 520 310.00
4104	利润分配	贷	1 310 070.00
410409	未分配利润	贷	1 310 070.00

表 1-36　应付账款——暂估应付款(220202)期初余额

日　期	供应商简称	摘　要	方向	金额/元
2022-12-30	容声冰箱	购入 50 台双开门冰箱 BCD-400	贷	80 000.00

（七）子系统的期初记账

（1）对采购管理子系统进行期初记账处理。

（2）对存货核算子系统进行期初对账与记账处理。

四、备份账套数据

在 D 盘的"实训账套"文件夹下建立"1-2"文件夹,将账套备份至此文件夹。

实训三　日　常　业　务

一、业务处理

【业务一】　1 日,采购部杨钱与美的空调签订购销合同(合同编号 cg0101)。取得相关凭证如图 1-1 所示。

购销合同

供货方：**广东美的精品电器制造有限公司**　　　合同号：*cg0101*

购买方：**合肥飞翔电器销售公司**　　　签订日期：**2023年01月01日**

为保护买卖双方的合法权益,买卖双方根据《中华人民共和国合同法》的有关规定,经友好协商,一致同意签订本合同并共同遵守。

一、商品的名称、数量及金额

商品名称	规格型号	计量单位	数量	单价(不含税)	金额(不含税)	税率	税额
立柜式空调	LGS-726	台	30	5200.00	156000.00	13%	20280.00
合　　　计			30	—	￥156000.00	—	￥20280.00

货款总计(大写)：**壹拾柒万陆仟贰佰捌拾圆整**　　　　　(小写)：**￥176280.00**

二、质量验收标准：按国家行业标准执行。

三、交货日期：**2023年01月05日**。

四、交货地点：**合肥市庐阳区长江中路355号**。

五、结算方式：**电汇,2022年12月18日,预付部分货款,余款收到发票时支付**。

六、发运方式及费用承担：**公路运输,相关费用由供货方承担**。

七、其　　他：**存在商品质量及溢余等情况,经双方协商,另行解决**。

八、违约条款：违约方须赔偿对方一切经济损失。但遇天灾人祸或其他人力不能控制之因素而导致延误交货,需方不能要求供方赔偿任何损失。

九、合同纠纷解决方式：经双方协商解决,如协商不成的,可向当地仲裁委员会提出申诉解决。

十、本合同一式两份,双方各执一份,自签订之日起生效。

供货方　(盖章)　　　　　　　　　　　　　购买方　(盖章)

税　号：914401005265209646　　　　　　税　号：913401092876591456

开户银行：中国建设银行佛山市顺德支行　　　开户银行：交通银行合肥市长江路支行

银行账号：9888736356453241206　　　　　银行账号：33248446557836522598

地　址：佛山市顺德区北滘镇林港美的工业城　地　址：合肥市庐阳区长江中路355号

法定代表：傅建东　　　　　　　　　　　　法定代表：王翔

联系电话：0757-28694526　　　　　　　　联系电话：0551-99878897

图 1-1　【业务一】原始凭证

1

业务二

【业务二】　2日，采购部杨钱与海尔洗衣机签订购销合同(合同编号 cg0102)，款项支付使用现付功能处理。取得相关凭证如图1-2～图1-6所示。

购销合同

供货方：<u>青岛海尔集团洗衣机有限公司</u>　　合同号：<u>cg0102</u>

购买方：<u>合肥飞翔电器销售公司</u>　　签订日期：<u>2023年01月02日</u>

为保护买卖双方的合法权益，买卖双方根据《中华人民共和国合同法》的有关规定，经友好协商，一致同意签订本合同并共同遵守。

一、商品的名称、数量及金额

商品名称	规格型号	计量单位	数量	单价(不含税)	金额(不含税)	税率	税额
直筒洗衣机	MBR-702	台	40	800.00	32000.00	13%	4160.00
合　计			40	—	￥32000.00		￥4160.00

货款总计（大写）：<u>叁万陆仟壹佰陆拾圆整</u>　　　　（小写）：￥36160.00

二、质量验收标准：按国家行业标准执行。

三、交货日期：<u>2023年01月02日</u>。

四、交货地点：<u>合肥市庐阳区长江中路355号</u>。

五、结算方式：<u>电汇，付款时间：2023年01月02日</u>。

六、发运方式及费用承担：<u>公路运输，相关费用由供货方承担</u>。

七、其　他：<u>存在商品质量及溢余等情况，经双方协商，另行解决</u>。

八、违约条款：违约方须赔偿对方一切经济损失。但遇天灾人祸或其他人力不能控制之因素而导致延误交货，需方不能要求供方赔偿任何损失。

九、合同纠纷解决方式：经双方协商解决，如协商不成的，可向当地仲裁委员会提出申诉解决。

十、本合同一式两份，双方各执一份，自签订之日起生效。

供货方　（盖章）　　　　　　　　　　购买方　（盖章）

税　号：913702172165060546　　　　税　号：913401092876591456

开户银行：中国工商银行青岛市海尔支行　　开户银行：交通银行合肥市长江路支行

银行账号：758592405968726343　　　　银行账号：332484465578365259

地　址：青岛市海尔路1号海尔工业园创牌大楼　地　址：合肥市庐阳区长江中路355号

法定代表：徐慧华　　　　　　　　　　法定代表：王翔

联系电话：0532-78694532　　　　　　联系电话：0551-99878897

图1-2　【业务二】原始凭证1

山东增值税专用发票 №48842733

3702174358

3702174358
48842733

发票联

开票日期：2023年01月02日

购买方	名　称：合肥飞翔电器销售公司	密码区	48*7*>-2/3-65745<14539458<3844530481<194 9875/3750384<1948*7*>-2//51948*7*>55445 45987*8574<194561948*7*>7-7<8*873/+<424 57913-30011521948*7*><191948*7*>142>8-
	纳税人识别号：913401092876591456		
	地　址、电话：合肥市庐阳区长江中路355号，0551-99878897		
	开户行及账号：交通银行合肥市长江路支行，3324844655783652598		

货物或应税劳务、服务名称	规格型号	单位	数量	单价	金额	税率	税额
家用清洁电器具 直筒洗衣机	MBR-702	台	40	800.00	32000.00	13%	4160.00
合　计					￥32000.00		￥4160.00
价税合计（大写）	⊗叁万陆仟壹佰陆拾圆整					（小写）￥36160.00	

销售方	名　称：青岛海尔集团洗衣机有限公司	备注
	纳税人识别号：913702172165060546	
	地址、电话：青岛市海尔路1号海尔工业园创牌大楼，0532-78694532	
	开户行及账号：中国工商银行青岛市海尔支行，7585924059687263343	

收款人：（略）　　复核：（略）　　开票人：（略）　　销售方：（章）

第三联：发票联 购买方记账凭证

青岛海尔集团洗衣机有限公司
91370217216 5060546
发票专用章

图 1-3 【业务二】原始凭证 2

付 款 审 批 单

2023 年 01 月 02 日

收款单位	青岛海尔集团洗衣机有限公司		申请部门	采购部
开户行	中国工商银行青岛市海尔支行		经手人	杨钱
账　号	7585924059687263343		付款方式	电汇
付款用途	支付合同cg0102规定的购货款。			
付款金额	人民币（大写）	叁万陆仟壹佰陆拾圆整	小写	￥36160.00

总经理	财务负责人	部门负责人	出纳
王翔	张围	杨钱	周冲

会计主管：（略）　审核：（略）　出纳：（略）　制单：（略）

图 1-4 【业务二】原始凭证 3

1

交通银行 银行电汇凭证（回单）

1

委托日期 2023年 01月 02日　　　　　No. 41798808

汇款人	全　称	合肥飞翔电器销售公司	收款人	全　称	青岛海尔集团洗衣机有限公司
	账　号	3324844655783652598		账　号	7585924059687263343
	汇出地点	安徽省　合肥 市/县		汇入地点	山东省　青岛 市/县
	汇出行名称	交通银行合肥市长江路支行		汇入行名称	中国工商银行青岛市海尔支行

金额	人民币（大写）	叁万陆仟壹佰陆拾圆整	亿 千 百 十 万 千 百 十 元 角 分
			￥ 3 6 1 6 0 0 0

支付密码

附加信息及用途：

支付合同cg0102规定的购货款。

交通银行合肥市长江路支行
2023.01.02
转
讫

汇出行签章

此联汇出行给汇款人的回单

图 1-5　【业务二】原始凭证 4

入 库 单

2023 年　01 月　02 日　　　　　单号 c010201

交来单位及部门	青岛海尔集团洗衣机有限公司	发票号码或生产单号码	48842733	验收仓库	商品库	入库日期	2023年01月02日

编号	名称及规格	单位	数量 交库	数量 实收	单价	金额	备注
1	直筒洗衣机MBR-702	台	40	40			
	合　　计		40	40	—		—

部门经理：（略）　　　会计：（略）　　　仓库：（略）　　　经办人：（略）

会　计　联

图 1-6　【业务二】原始凭证 5

【业务三】 2 日,销售部李力与天马家电签订直运销售合同(合同编号 xszy01)。取得相关凭证如图 1-7 所示。

购销合同

供货方: 合肥飞翔电器销售公司   合同号: xszy01

购买方: 合肥天马家电经营部   签订日期: 2023年01月02日

为保护买卖双方的合法权益,买卖双方根据《中华人民共和国合同法》的有关规定,经友好协商,一致同意签订本合同并共同遵守。

一、商品的名称、数量及金额

商品名称	规格型号	计量单位	数量	单价(不含税)	金额(不含税)	税率	税额
温度器	DJH-982	个	1000	7.00	7000.00	13%	910.00
触摸开关	CMK-956	只	500	46.00	23000.00	13%	2990.00
合 计			1500	—	￥30000.00	—	￥3900.00

货款总计(大写): 叁万叁仟玖佰圆整   (小写): ￥33900.00

二、质量验收标准: 按国家行业标准执行。

三、交货日期: 2023年01月24日。

四、交货地点: 合肥市庐阳区二环路329号。

五、结算方式: 转账支票,付款时间: 2023年01月24日。

六、发运方式及费用承担: 公路运输,相关费用由供货方承担。

七、其 他: 存在商品质量及溢余等情况,经双方协商,另行解决。

八、违约条款: 违约方须赔偿对方一切经济损失。但遇天灾人祸或其他人力不能控制之因素而导致延误交货,需方不能要求供方赔偿任何损失。

九、合同纠纷解决方式: 经双方协商解决,如协商不成的,可向当地仲裁委员会提出申诉解决。

十、本合同一式两份,双方各执一份,自签订之日起生效。

供货方 (盖章)

税 号: 913401092876591456

开户银行: 交通银行合肥市长江路支行

银行账号: 33248446557836525598

地 址: 合肥市庐阳区长江中路355号

法定代表人: 王翔

联系电话: 0551-99878897

购买方 (盖章)

税 号: 913401052175510136

开户银行: 中国工商银行合肥市庐阳支行

银行账号: 45256210591186961363

地 址: 合肥市庐阳区二环路329号

法定代表人: 李海涛

联系电话: 0551-57652584

图 1-7 【业务三】原始凭证

【业务四】 3日,采购部杨钱与金鑫配件签订购销合同(合同编号 cg0103)。取得相关凭证如图 1-8 所示。

业务四

购销合同

供货方: **金鑫家电配件制造有限公司**   合同号: **cg0103**

购买方: **合肥飞翔电器销售公司**   签订日期: **2023年01月03日**

为保护买卖双方的合法权益,买卖双方根据《中华人民共和国合同法》的有关规定,经友好协商,一致同意签订本合同并共同遵守。

一、商品的名称、数量及金额

商品名称	规格型号	计量单位	数量	单价(不含税)	金额(不含税)	税率	税额
触摸开关	CMK-956	只	192	31.25	6000.00	13%	780.00
遥控开关	KZB-152	个	200	60.00	12000.00	13%	1560.00
合　计			392	—	¥18000.00	—	¥2340.00

货款总计 (大写): **贰万零叁佰肆拾圆整**   (小写): **¥20340.00**

二、质量验收标准: 按国家行业标准执行。

三、交货日期: **2023年01月08日**

四、交货地点: **合肥市庐阳区长江中路355号。**

五、结算方式: **转账支票,付款时间: 2023年3月31日。**

六、发运方式及费用承担: **公路运输,相关费用由供货方承担。**

七、其　他: **存在商品质量及溢余等情况,经双方协商,另行解决。**

八、违约条款: 违约方须赔偿对方一切经济损失。但遇天灾人祸或其他人力不能控制之因素而导致延误交货,需方不能要求供方赔偿任何损失。

九、合同纠纷解决方式: 经双方协商解决,如协商不成的,可向当地仲裁委员会提出申诉解决。

十、本合同一式两份,双方各执一份,自签订之日起生效。

供货方 (盖章)

税　号: 91340104353869886

开户银行: 中国工商银行合肥市蜀山支行

银行账号: 6754465543320137819

地　址: 合肥市蜀山区临江东路186号

法定代表: 刘晓露

联系电话: 0551-74859656

购买方 (盖章)

税　号: 91340109287659456

开户银行: 交通银行合肥市长江路支行

银行账号: 33248446557836652598

地　址: 合肥市庐阳区长江中路355号

法定代表: 王翔

联系电话: 0551-99878897

图 1-8 **【业务四】**原始凭证

【业务五】 3日，销售部吴方与七彩电器签订购销合同（合同编号 xs0101）。取得相关凭证如图1-9所示。

业务五

购销合同

供货方：**合肥飞翔电器销售公司**   合同号：**xs0101**

购买方：**合肥七彩电器商行**   签订日期：**2023年01月03日**

为保护买卖双方的合法权益，买卖双方根据《中华人民共和国合同法》的有关规定，经友好协商，一致同意签订本合同并共同遵守。

一、商品的名称、数量及金额

商品名称	规格型号	计量单位	数量	单价（不含税）	金额（不含税）	税率	税额
滚筒洗衣机	MDR-715	台	100	2400.00	240000.00	13%	31200.00
合　计			100	—	￥240000.00	—	￥31200.00

货款总计（大写）：**贰拾柒万壹仟贰佰圆整**   （小写）：**￥271200.00**

二、质量验收标准：按国家行业标准执行。

三、交货日期：**2023年01月07日。**

四、交货地点：**合肥市庐阳区长江中路355号。**

五、结算方式：**银行承兑汇票，收到发票时开具期限为3个月的银行承兑汇票抵付货款**

六、发运方式及费用承担：**买方自提，相关费用由购买方承担。**

七、其　他：**存在商品质量及溢余等情况，经双方协商，另行解决。**

八、违约条款：违约方须赔偿对方一切经济损失。但遇天灾人祸或其他人力不能控制之因素而导致延误交货，需方不能要求供方赔偿任何损失。

九、合同纠纷解决方式：经双方协商解决，如协商不成的，可向当地仲裁委员会提出申诉解决。

十、本合同一式两份，双方各执一份，自签订之日起生效。

供货方　（盖章）

税　号：**913401092876591456**

开户银行：**交通银行合肥市长江路支行**

银行账号：**3324844655783652598**

地　址：**合肥市庐阳区长江中路355号**

法定代表：**王翔**

联系电话：**0551-99878897**

购买方　（盖章）

税　号：**913401062452376726**

开户银行：**中国农业银行合肥市庐阳支行**

银行账号：**2880236289520787244**

地　址：**合肥市庐阳区庐江路127号**

法定代表：**陈娜妍**

联系电话：**0551-72165060**

图1-9 【业务五】原始凭证

1

【业务六】　4日,销售部李力与卓越电器签订购销合同(合同编号 xs0102)。取得相关凭证如图 1-10 所示。

购销合同

供货方：合肥飞翔电器销售公司　　　　　　　　合同号：xs0102

购买方：合肥卓越电器商行　　　　　　　　　　签订日期：2023年01月04日

为保护买卖双方的合法权益,买卖双方根据《中华人民共和国合同法》的有关规定,经友好协商,一致同意签订本合同并共同遵守。

一、商品的名称、数量及金额

商品名称	规格型号	计量单位	数量	单价(不含税)	金额(不含税)	税率	税额
双开门冰箱	BCD-400	台	90	2400.00	216000.00	13%	28080.00
合计			90	—	￥216000.00	—	￥28080.00

货款总计(大写)：贰拾肆万肆仟零捌拾圆整　　　　　　(小写)：￥244080.00

二、质量验收标准：按国家行业标准执行。

三、交货日期：2023年01月14日。

四、交货地点：合肥市庐阳区长江中路355号。

五、结算方式：转账支票,2022年12月22日,预付部分货款,余款2023年3月31日支付。

六、发运方式及费用承担：买方自提,相关费用由购买方承担。

七、其　他：存在商品质量及溢余等情况,经双方协商,另行解决。

八、违约条款：违约方须赔偿对方一切经济损失。但遇天灾人祸或其他人力不能控制之因素而导致延误交货,需方不能要求供方赔偿任何损失。

九、合同纠纷解决方式：经双方协商解决,如协商不成的,可向当地仲裁委员会提出申诉解决。

十、本合同一式两份,双方各执一份,自签订之日起生效。

供货方　(盖章)　　　　　　　　　　　　　　购买方　(盖章)

税　号：913401092876591456　　　　　　　　税　号：913401029087372236

开户银行：交通银行合肥市长江路支行　　　　　开户银行：中国建设银行合肥市蜀山支行

银行账号：3324844655783652598　　　　　　银行账号：7878935366458325256

地　址：合肥市庐阳区长江中路355号　　　　　地　址：合肥市蜀山区金寨路91号

法定代表：王翔　　　　　　　　　　　　　　　法定代表：车梦霜

联系电话：0551-99878897　　　　　　　　　　联系电话：0551-96584214

图 1-10 【业务六】原始凭证

【业务七】 4日,采购部杨钱与金鑫配件签订购销合同(合同编号 cg0104),采购的五金工具套装当日发放给销售部职工作为职工福利,款项支付使用现付功能处理。取得相关凭证如图 1-11~图 1-16 所示。

业务七

购销合同

供货方: 金鑫家电配件制造有限公司 合同号: cg0104

购买方: 合肥飞翔电器销售公司 签订日期: 2023年01月04日

为保护买卖双方的合法权益,买卖双方根据《中华人民共和国合同法》的有关规定,经友好协商,一致同意签订本合同并共同遵守。

一、商品的名称、数量及金额

商品名称	规格型号	计量单位	数量	单价(不含税)	金额(不含税)	税率	税额
五金工具套装		金	5	120.00	600.00	13%	78.00
合计			5	—	¥600.00	—	¥78.00

货款总计(大写): 陆佰柒拾捌圆整 (小写): ¥678.00

二、质量验收标准: 按国家行业标准执行。

三、交货日期: 2023年01月04日。

四、交货地点: 合肥市庐阳区长江中路355号。

五、结算方式: 转账支票,付款时间: 2023年01月04日。

六、发运方式及费用承担: 公路运输,相关费用由供货方承担。

七、其 他: 存在商品质量及溢余等情况,经双方协商,另行解决。

八、违约条款: 违约方须赔偿对方一切经济损失。但遇天灾人祸或其他人力不能控制之因素而导致延误交货,需方不能要求供方赔偿任何损失。

九、合同纠纷解决方式: 经双方协商解决,如协商不成的,可向当地仲裁委员会提出申诉解决。

十、本合同一式两份,双方各执一份,自签订之日起生效。

供货方 (盖章) 购买方 (盖章)

税号: 91340104353836 9886 税号: 91340109287659 1456

开户银行: 中国工商银行合肥市蜀山支行 开户银行: 交通银行合肥市长江路支行

银行账号: 6754465534320137819 银行账号: 3324844655783652598

地址: 合肥市蜀山区临江东路186号 地址: 合肥市庐阳区长江中路355号

法定代表人: 刘晓露 法定代表人: 王翔

联系电话: 0551-74859656 联系电话: 0551-99878897

图 1-11 【业务七】原始凭证 1

1

图 1－12 【业务七】原始凭证 2

图 1－13 【业务七】原始凭证 3

出 库 单

出货单位：合肥飞翔电器销售公司　　　　　2023 年 01 月 04 日　　　　　单号：q010401

提货单位或领货部门	销售部		销售单号	（无）	发出仓库	赠品库	出库日期	2023年01月04日	
编号	名称及规格		单位	数 量		单价	金 额		会
				应 发	实 发				计
1	五金工具套装		盒	5	5				联
	合计			5	5	—			

部门经理：（略）　　　　会计：（略）　　　　仓库：（略）　　　　经办人：（略）

图 1-14 【业务七】原始凭证 4

付 款 审 批 单

2023 年 01 月 04 日

收款单位	金鑫家电配件制造有限公司	申请部门	采购部
开户行	中国工商银行合肥市蜀山支行	经手人	杨钱
账　号	6754465534320137819	付款方式	转账支票
付款用途	支付合同cg0104规定的购货款。		
付款金额	人民币(大写) 陆佰柒拾捌圆整	小写	￥678.00

总经理	财务负责人	部门负责人	出纳
王翔	张国	杨钱	周冲

会计主管：（略）　　审核：（略）　　　　出纳：（略）　　　　　制单：（略）

图 1-15 【业务七】原始凭证 5

业务八

业务九

业务十

业务十一

交通银行
转账支票存根
30103427
20289801

附加信息

出票日期 2023 年 01 月 04 日

收款人：金鑫家电配件制造有限公司

金　额：￥678.00

用　途：支付购货款

单位主管（略）会计（略）

图 1-16 【业务七】原始凭证 6

【业务八】 5 日,收到 2022 年 12 月 30 日自容声冰箱购买双开门冰箱 BCD-400 的增值税专用发票,货物已于 2022 年 12 月 30 日验收入库。取得相关凭证如图 1-17 所示。

【业务九】 5 日,收到美的空调根据合同 cg0101 发来的货物。取得相关凭证如图 1-18 所示。

【业务十】 5 日,采购部杨钱与金鑫配件签订购销合同（合同编号 cg0105）。取得相关凭证如图 1-19～图 1-22 所示。

【业务十一】 6 日,收到美的空调根据合同 cg0101 开具的增值税专用发票,款项支付不使用现付功能处理。取得相关凭证如图 1-23～图 1-25 所示。

广东增值税专用发票 № 16969605

4401092403　　16969605

发票联

开票日期：2023年01月05日

购买方	名　称：合肥飞翔电器销售公司
	纳税人识别号：913401092876591456
	地址、电话：合肥市庐阳区长江中路355号,0551-99878897
	开户行及账号：交通银行合肥市长江路支行,3324844655783652598

密码区：48*7*)-2/3-65745〈14539458〈3844530481〈194 9875/3750384〈1948*7*)-2/51948*7*)55445 45987*8574〈194561948*7*)-7-8*873/*〈424 57913-30011521948*7*)〈191948*7*)142)8-

货物或应税劳务、服务名称	规格型号	单位	数量	单价	金额	税率	税额
*家用制冷器具*双开门冰箱	BCD-400	台	50	1600.00	80000.00	13%	10400.00
合　计					￥80000.00		￥10400.00

价税合计（大写）⊗玖万零肆佰圆整　　（小写）￥90400.00

销售方	名　称：海信容声冰箱有限公司
	纳税人识别号：91440109474940175
	地址、电话：佛山市顺德区容奇大道东12号,0757-54958532
	开户行及账号：中国农业银行佛山市顺德支行,1223324857365779980

备注

收款人：（略）　复核：（略）　开票人：（略）　销售方：（章）

图 1-17 【业务八】原始凭证

入 库 单

2023 年 01 月 05 日　　单号 c010501

交来单位及部门	广东美的精品电器制造有限公司		发票号码或生产单号码	cg0101		验收仓库	商品库	入库日期	2023年01月05日

编号	名称及规格	单位	数量		单价	金额	备注
			交库	实收			
1	立柜式空调LGS-726	台	30	30			
	合　　计		30	30	—		—

部门经理：（略）　　会计：（略）　　仓库：（略）　　经办人：（略）

图 1-18 【业务九】原始凭证

购销合同

供货方：金鑫家电配件制造有限公司		合同号：cg0105
购买方：合肥飞翔电器销售公司		签订日期：2023年01月05日

为保护买卖双方的合法权益，买卖双方根据《中华人民共和国合同法》的有关规定，经友好协商，一致同意签订本合同并共同遵守。

一、商品的名称、数量及金额

商品名称	规格型号	计量单位	数量	单价（不含税）	金额（不含税）	税率	税额
主机控制板	DAH-564	件	40	1500.00	60000.00	13%	7800.00
合　　计			40	—	￥60000.00	—	￥7800.00

货款总计（大写）：陆万柒仟捌佰圆整　　　　　　　　　　　（小写）：￥67800.00

二、质量验收标准：按国家行业标准执行。

三、交货日期：2023年01月05日。

四、交货地点：合肥市庐阳区长江中路355号。

五、结算方式：债权转让，本公司以应收天鹅家电2022年12月08日销货款抵付该笔货款。

六、发运方式及费用承担：公路运输，相关费用由供货方承担。

七、其　　他：存在商品质量及溢余等情况，经双方协商，另行解决。

八、违约条款：违约方须赔偿对方一切经济损失。但遇天灾人祸或其他人力不能控制之因素而导致延误交货，需方不能要求供方赔偿任何损失。

九、合同纠纷解决方式：经双方协商解决，如协商不成的，可向当地仲裁委员会提出申诉解决。

十、本合同一式两份，双方各执一份，自签订之日起生效。

供货方 （盖章）	购买方 （盖章）
税　　号：913401043538369886	税　　号：913401092876591456
开户银行：中国工商银行合肥市蜀山支行	开户银行：交通银行合肥市长江路支行
银行账号：6754465534320137819	银行账号：3324844655783652598
地　　址：合肥市蜀山区临江东路186号	地　　址：合肥市庐阳区长江中路355号
法定代表：刘晓露	法定代表：王翔
联系电话：0551-74859656	联系电话：0551-99878897

图1-19 【业务十】原始凭证1

图1-20 【业务十】原始凭证2

债权转让协议书

甲方（转让人）：合肥飞翔电器销售公司

乙方（受让人）：金鑫家电配件制造有限公司

甲、乙双方为妥善解决债务问题，经友好协商，依法达成如下债权转让协议，以资信守：

一、甲、乙双方一致确认：2023 年 01 月 05 日，甲方自乙方购入货物共计货款人民币 67800 元。

二、甲、乙双方一致同意，甲方将对合肥天鹅家电经营部的债权共计人民币 67800 元全部转让给乙方行使，乙方按照本协议直接向丙方主张债权。

三、陈述、保证和承诺：

1. 甲方承诺并保证：

（1）其依法设立并有效存续，有权实施本协议项下的债权转让并能够独立承担民事责任；

（2）其转让的债权系合法、有效的债权。

2. 乙方承诺并保证：

（1）其依法设立并有效存续，有权受让本协议项下的债权并能独立承担民事责任；

（2）其受让本协议项下的债权已经获得其内部相关权利机构的授权或批准。

四、本协议生效后，乙方不得再向甲方主张债权。

五、如果本协议无效或被撤销，则甲方仍继续按原合同及其他法律文件履行义务。

六、各方同意，如果一方违反其在本协议中所作的陈述、保证、承诺或任何其他义务，致使其他方遭受或发生损害、损失、索赔等责任，违约方须向另一方做出全面赔偿。

七、本协议经甲、乙双方加盖公章并由双方法定代表人或由法定代表人授权的代理人签字后生效。

八、本协议未尽事宜，遵照国家有关法律、法规和规章办理。

九、本协议一式两份，甲、乙双方各执一份，具同等法律效力。

甲方：合肥飞翔电器
（签章）销售公司

乙方：金鑫家电配件
（签章）制造有限公司

授权代理人
（签字）：杨钱

授权代理人
（签字）：候宝峰

签订时间：　2023 年 01 月 05 日

图 1-21 【业务十】原始凭证 3

入 库 单

2023 年 01 月 05 日

单号 c010502

交来单位及部门	金鑫家电配件制造有限公司		发票号码或生产单号码	15066530		验收仓库	配件库	入库日期	2023年01月05日

| 编号 | 名称及规格 | 单位 | 数量 | | 单价 | 金额 | 备注 |
			交库	实收			
1	主机控制板DAH-564	件	40	40			
	合 计		40	40	—		—

部门经理： （略）　　　会计： （略）　　　仓库： （略）　　　经办人： （略）

图 1 - 22 【业务十】原始凭证 4

广东增值税专用发票

4401001230　　　　　№ 94160172　　4401001230　94160172

发票联

开票日期：2023年01月06日

购买方	名　称：合肥飞翔电器销售公司	密码区	48*7*+>-2/3-65745<14539458<3844530481<1949875/3750384<1948*7*>-2//51948*7*>55445 45987*8574<194561948*7*>7-8*873/+<42457913-30011521948*7*<191948*7*>142>8-
	纳税人识别号：913401092876591456		
	地　址、电话：合肥市庐阳区长江中路355号, 0551-99878897		
	开户行及账号：交通银行合肥市长江路支行,3324844655783652598		

货物或应税劳务、服务名称	规格型号	单位	数量	单价	金额	税率	税额
*家用制冷器具*立柜式空调	LGS-726	台	30	5200.00	156000.00	13%	20280.00
合　　计					￥156000.00		￥20280.00

价税合计（大写）　⊗壹拾柒万陆仟贰佰捌拾圆整　　　（小写）￥176280.00

销售方	名　称：广东美的精品电器制造有限公司	备注
	纳税人识别号：914401005265209646	
	地　址、电话：佛山市顺德区北滘镇林港美的工业城,0757-28694526	
	开户行及账号：中国建设银行佛山市顺德支行,9888736356453241206	

收款人：（略）　　　复核：（略）　　　开票人：（略）　　　销售方：（章）

图 1 - 23 【业务十一】原始凭证 1

付 款 审 批 单

2023 年 01 月 06 日

收款单位	广东美的精品电器制造有限公司		申请部门	采购部
开户行	中国建设银行佛山市顺德支行		经手人	杨钱
账 号	9888736356453241206		付款方式	电汇
付款用途	支付合同cg0101规定的购货款。			
付款金额	人民币(大写)	壹拾肆万肆仟贰佰捌拾圆整	小写	￥144280.00
总经理	财务负责人	部门负责人		出纳
王翔	张国	杨钱		周冲

会计主管：（略）　　审核：（略）　　　出纳：（略）　　　　　　制单：（略）

图 1-24 【业务十一】原始凭证 2

交通银行 银行电汇凭证（回单）　　1

委托日期 2023 年 01 月 06 日　　　　　　　No. 20531112

汇款人	全 称	合肥飞翔电器销售公司	收款人	全 称	广东美的精品电器制造有限公司
	账 号	3324844655783652598		账 号	9888736356453241206
	汇出地点	安徽省 合肥 市/县		汇入地点	广东省 佛山 市/县
	汇出行名称	交通银行合肥市长江路支行		汇入行名称	中国建设银行佛山市顺德支行

金额	人民币(大写)	壹拾肆万肆仟贰佰捌拾圆整	亿	千	百	十	万	千	百	十	元	角	分
					￥	1	4	4	2	8	0	0	0

支付密码

附加信息及用途：
支付合同cg0101规定的购货款。

交通银行合肥市长江路支行
2023.01.06
转
讫

汇出行签章

此联汇出行给汇款人的回单

图 1-25 【业务十一】原始凭证 3

业务十二

业务十三

　　【业务十二】 6 日，为举办展销活动，销售部领用 20 个接线板，用于活动现场布置与维护。取得相关凭证如图 1-26 所示。

　　【业务十三】 7 日，采购部杨钱与金鑫配件签订受托代销合同（合同编号 wt0101）。取得相关凭证如图 1-27、图 1-28 所示。

1

出 库 单

出货单位：合肥飞翔电器销售公司　　　2023 年 01 月 06 日　　　单号：q010601

提货单位或领货部门	销售部		销售单号	（无）	发出仓库	赠品库	出库日期	2023年01月06日
编号	名称及规格		单位	数量 应发	数量 实发	单价	金额	
1	接线板		个	20	20			
	合计			20	20	—		

部门经理：（略）　　　会计：（略）　　　仓库：（略）　　　经办人：（略）

图 1-26 【业务十二】原始凭证

委托代销合同

委托方：金鑫家电配件制造有限公司　　　合同号：wt0101

受托方：合肥飞翔电器销售公司　　　签订日期：2023年01月07日

为保护买卖双方的合法权益，买卖双方根据《中华人民共和国合同法》的有关规定，经友好协商，一致同意签订本合同并共同遵守。

一、商品的名称、数量及金额

商品名称	规格型号	计量单位	数量	单价（不含税）	金额（不含税）	税率	税额
电机	YSH-215	台	200	900.00	180000.00	13%	23400.00
合计			200		￥180000.00		￥23400.00

货款总计（大写）：贰拾万叁仟肆佰圆整　　　（小写）：￥203400.00

二、质量验收标准：按国家行业标准执行。

三、委托代销方式：双方约定，受托方以销货款（不含增值税）的10%收取手续费。

四、交货日期：2023年01月07日。

五、交货地点：合肥市庐阳区长江中路355号。

六、结算方式：转账支票，每月月底结算一次。

七、发运方式及费用承担：公路运输，相关费用由委托方承担。

八、其　他：4月30日前未销售完成的商品可退回给委托方。

九、违约条款：违约方须赔偿对方一切经济损失。但遇天灾人祸或其他人力不能控制之因素而导致延误交货，需方不能要求供方赔偿任何损失。

十、合同纠纷解决方式：经双方协商解决，如协商不成的，可向当地仲裁委员会提出申诉解决。

十一、本合同一式两份，双方各执一份，自签订之日起生效。

委托方　（盖章）　　　受托方　（盖章）

税　号：91340104353836 9886　　　税　号：913401092876591456

开户银行：中国工商银行合肥市蜀山支行　　　开户银行：交通银行合肥市长江路支行

银行账号：6754465534320137819　　　银行账号：3324844655783652598

地　址：合肥市蜀山区临江东路186号　　　地　址：合肥市庐阳区长江中路355号

法定代表：刘晓露　　　法定代表：王翔

联系电话：0551-74859656　　　联系电话：0551-99878897

图 1-27 【业务十三】原始凭证 1

1

入　库　单

2023 年　01 月　07 日　　　　　　　　　　　单号 c010701

交来单位及部门	金鑫家电配件制造有限公司		发票号码或生产单号码	wt0101		验收仓库	代销库		入库日期	2023年01月07日	会
编号	名称及规格	单位	数量		单价	金额		备注			
			交库	实收							计
1	电机YSH-215	台	200	200							
											联
合　计			200	200	—			—			

部门经理：(略)　　　会计：(略)　　　仓库：(略)　　　经办人：(略)

图 1-28　【业务十三】原始凭证 2

【业务十四】　7 日，根据合同 xs0101，向七彩电器发出货物并开具增值税专用发票，收到对方签发并承兑的银行承兑汇票抵付货款。取得相关凭证如图 1-29～图 1-31 所示。

业务十四

图 1-29　【业务十四】原始凭证 1

图 1-30　【业务十四】原始凭证 2

图 1-31　【业务十四】原始凭证 3

1

业务十五

【业务十五】　8日,收到金鑫配件根据合同 cg0103 发来的货物与增值税专用发票。取得相关凭证如图 1-32～图 1-34 所示。

图 1-32　【业务十五】原始凭证 1

图 1-33　【业务十五】原始凭证 2

业务十六

【业务十六】　8日,采购部杨钱与金鑫配件签订购销合同(合同编号 cg0106)。取得相关凭证如图 1-35 所示。

采购/销售损耗处理报告表

2023 年 01 月 08 日

供货方	金鑫家电配件制造有限公司				购买方	合肥飞翔电器销售公司	
地　址	合肥市蜀山区临江东路186号				地　址	合肥市庐阳区长江中路355号	
电　话	0551-74859656				电　话	0551-99878897	

编号	商品名称	商品规格	单位	损耗数量(益出+/损耗-)	损耗原因
1	触摸开关	CMK-956	只	8	供货方多发，不再收回，赠与本方。

财务部门建议处理意见：	赠品与购入的同类商品按商品数量均摊入库成本
单位主管部门批复处理意见：	同意

部门负责人：（略）　　　　　　　审核人：（略）　　　　　　　制单人：（略）

图 1－34　【业务十五】原始凭证 3

购销合同

供货方：金鑫家电配件制造有限公司　　　　　　合同号：cg0106

购买方：合肥飞翔电器销售公司　　　　　　　　签订日期：2023年01月08日

为保护买卖双方的合法权益，买卖双方根据《中华人民共和国合同法》的有关规定，经友好协商，一致同意签订本合同并共同遵守。

一、商品的名称、数量及金额

商品名称	规格型号	计量单位	数量	单价(不含税)	金额(不含税)	税率	税额
电器盒	YKK-576	件	40	700.00	28000.00	13%	3640.00
合　　计			40	—	￥28000.00		￥3640.00

货款总计（大写）：叁万壹仟陆佰肆拾圆整　　　　　　　　（小写）：￥31640.00

二、质量验收标准：按国家行业标准执行。

三、交货日期：2023年01月16日。

四、交货地点：合肥市庐阳区长江中路355号。

五、结算方式：转账支票，付款时间：2023年01月17日。

六、发运方式及费用承担：公路运输，相关费用由供货方承担。

七、其　他：存在商品质量及溢余等情况，经双方协商，另行解决。

八、违约条款：违约方须赔偿对方一切经济损失。但遇天灾人祸或其他人力不能控制之因素而导致延误交货，需方不能要求供方赔偿任何损失。

九、合同纠纷解决方式：经双方协商解决，如协商不成的，可向当地仲裁委员会提出申诉解决。

十、本合同一式两份，双方各执一份，自签订之日起生效。

供货方　（盖章）	购买方　（盖章）
税　号：913401043538369886	税　号：913401092876591456
开户银行：中国工商银行合肥市蜀山支行	开户银行：交通银行合肥市长江路支行
银行账号：6754465534320137819	银行账号：3324844655783652598
地　址：合肥市蜀山区临江东路186号	地　址：合肥市庐阳区长江中路355号
法定代表：刘晓露	法定代表：王翔
联系电话：0551-74859656	联系电话：0551-99878897

图 1－35　【业务十六】原始凭证

1

业务十七

【业务十七】 9日，采购部杨钱与金鑫配件签订购销合同（合同编号 cg0107）。取得相关凭证如图 1-36 所示。

购销合同

供货方： **金鑫家电配件制造有限公司**　　　　合同号： *cg0107*

购买方： **合肥飞翔电器销售公司**　　　　签订日期： **2023年01月09日**

为保护买卖双方的合法权益，买卖双方根据《中华人民共和国合同法》的有关规定，经友好协商，一致同意签订本合同并共同遵守。

一、商品的名称、数量及金额

商 品 名 称	规格型号	计量单位	数量	单价（不含税）	金额（不含税）	税率	税 额
触摸开关	CMK-956	只	800	30.00	24000.00	13%	3120.00
合　　　计			800	—	￥24000.00	—	￥3120.00

货款总计（大写）：**贰万柒仟壹佰贰拾圆整**　　　　（小写）： **￥27120.00**

二、质量验收标准：按国家行业标准执行。

三、交货日期：**2023年01月17日。**

四、交货地点：**合肥市庐阳区长江中路355号。**

五、结算方式：**转账支票，付款时间：2023年3月31日。**

六、发运方式及费用承担：**公路运输，相关费用由供货方承担。**

七、其　　他：**存在商品质量及溢余等情况，经双方协商，另行解决。**

八、违约条款：违约方须赔偿对方一切经济损失。但遇天灾人祸或其他人力不能控制之因素而导致延误交货，需方不能要求供方赔偿任何损失。

九、合同纠纷解决方式：经双方协商解决，如协商不成，可向当地仲裁委员会提出申诉解决。

十、本合同一式两份，双方各执一份，自签订之日起生效。

供货方 （盖章）　　　　　　　　　　　　购买方 （盖章）

税　号：913401043538369886　　　　　　税　号：913401092876591456

开户银行：中国工商银行合肥市蜀山支行　　开户银行：交通银行合肥市长江路支行

银行账号：6754465534320137819　　　　　银行账号：3324844655783652598

地　址：合肥市蜀山区临江东路186号　　　地　址：合肥市庐阳区长江中路355号

法定代表：刘晓露　　　　　　　　　　　　法定代表：王翔

联系电话：0551-74859656　　　　　　　　联系电话：0551-99878897

图 1-36 【业务十七】原始凭证

【业务十八】 9日,销售部郑想与东科家电签订委托代销合同(合同编号 wt0102)。取得相关凭证如图1-37、图1-38所示。

委托代销合同

委 托 方：合肥飞翔电器销售公司　　　　　　合同号：**wt0102**

受 托 方：合肥东科家电经营部　　　　　　　签订日期：**2023年01月09日**

为保护买卖双方的合法权益,买卖双方根据《中华人民共和国合同法》的有关规定,经友好协商,一致同意签订本合同并共同遵守。

一、商品的名称、数量及金额

商品名称	规格型号	计量单位	数量	单价(不含税)	金额(不含税)	税率	税额
壁挂式空调	BGS-356	台	80	5400.00	432000.00	13%	56160.00
合　　　计			80	—	¥432000.00	—	¥56160.00

货款总计(大写)：肆拾捌万捌仟壹佰陆拾圆整　　　　　　(小写)：¥488160.00

二、质量验收标准：按国家行业标准执行。

三、委托代销方式：双方约定,采用视同买断的方式由委托方委托受托方代销货物。

四、交货日期：**2023年01月09日**。

五、交货地点：合肥市庐阳区长江中路355号。

六、结算方式：转账支票,每月月底结算一次。

七、发运方式及费用承担：买方自提,相关费用由购买方承担。

八、其　　　他：4月30日前未销售完成的商品可退回给委托方。

九、违约条款：违约方须赔偿对方一切经济损失。但遇天灾人祸或其他人力不能控制之因素而导致延误交货,需方不能要求供方赔偿任何损失。

十、合同纠纷解决方式：经双方协商解决,如协商不成的,可向当地仲裁委员会提出申诉解决。

十一、本合同一式两份,双方各执一份,自签订之日起生效。

委托方　(盖章)　　　　　　　　　　　受托方　(盖章)

税　号：913401092876591456　　　　　税　号：913401018558368486

开户银行：交通银行合肥市长江路支行　　　开户银行：中国工商银行合肥市蜀山支行

银行账号：3324844655783652598　　　　银行账号：1704768504356385213

地　址：合肥市庐阳区长江中路355号　　　地　址：合肥市蜀山区望江西路75号

法定代表：王翔　　　　　　　　　　　　法定代表：张军旺

联系电话：0551-99878897　　　　　　　联系电话：0551-74859656

图1-37　【业务十八】原始凭证1

【业务十九】 10日,采购部杨钱与金鑫配件签订促销购销合同(合同编号 cg0108)。取得相关凭证如图1-39所示。

出 库 单

出货单位：合肥飞翔电器销售公司　　　　2023 年 01 月 09 日　　　　单号：x010901

提货单位或领货部门	合肥东科家电经营部		销售单号	wt0102	发出仓库	商品库	出库日期	2023年01月09日

编号	名称及规格	单位	数　量		单价	金额	
			应发	实发			会
1	壁挂式空调BGS-356	台	80	80			计
							联
	合计		80	80	—		

部门经理：（略）　　　会计：（略）　　　仓库：（略）　　　经办人：（略）

图 1-38　【业务十八】原始凭证 2

购销合同

供货方：金鑫家电配件制造有限公司　　　合同号：cg0108

购买方：合肥飞翔电器销售公司　　　　签订日期：2023年01月10日

为保护买卖双方的合法权益，买卖双方根据《中华人民共和国合同法》的有关规定，经友好协商，一致同意签订本合同并共同遵守。

一、商品的名称、数量及金额

商品名称	规格型号	计量单位	数量	单价（不含税）	金额（不含税）	税率	税额
主机控制板	DAH-564	件	30	1500.00	45000.00	13%	5850.00
接线板		个	30	0.00	0.00	13%	0.00
合　　计			60	—	￥45000.00		￥5850.00

货款总计（大写）：伍万零捌佰伍拾圆整　　　　　　　　　（小写）：￥50850.00

二、质量验收标准：按国家行业标准执行。

三、交货日期：2023年01月13日。

四、交货地点：合肥市庐阳区长江中路355号。

五、结算方式：转账支票，付款时间：2023年3月31日。

六、发运方式及费用承担：公路运输，相关费用由供货方承担。

七、其　他：供货方随同商品赠送接线板30个；存在商品质量及溢余等情况，经双方协商，另行解决。

八、违约条款：违约方须赔偿对方一切经济损失。但遇天灾人祸或其他人力不能控制之因素而导致延误交货，需方不能要求供方赔偿任何损失。

九、合同纠纷解决方式：经双方协商解决，如协商不成的，可向当地仲裁委员会提出申诉解决。

十、本合同一式两份，双方各执一份，自签订之日起生效。

供货方　（盖章）　　　　　　　　　　　购买方　（盖章）

税　号：913401043538369886　　　　　税　号：913401092876591456

开户银行：中国工商银行合肥市蜀山支行　开户银行：交通银行合肥市长江路支行

银行账号：6754465534320137819　　　　银行账号：3324844655783652598

地　址：合肥市蜀山区临江东路186号　　地　址：合肥市庐阳区长江中路355号

法定代表：刘晓露　　　　　　　　　　　法定代表：王翔

联系电话：0551-74859656　　　　　　　联系电话：0551-99878897

图 1-39　【业务十九】原始凭证

1

【业务二十】　11日,采购部杨钱与海尔洗衣机签订购销合同(合同编码cg0109)。取得相关凭证如图1-40～图1-44所示。

购销合同

供货方:　**青岛海尔集团洗衣机有限公司**　　　　合同号: **cg0109**

购买方:　**合肥飞翔电器销售公司**　　　　签订日期: **2023年01月11日**

为保护买卖双方的合法权益,买卖双方根据《中华人民共和国合同法》的有关规定,经友好协商,一致同意签订本合同并共同遵守。

一、商品的名称、数量及金额

商品名称	规格型号	计量单位	数量	单价(不含税)	金额(不含税)	税率	税额
滚筒洗衣机	MDR-715	台	20	1600.00	32000.00	13%	4160.00
合　　　计			20	—	¥32000.00		¥4160.00

货款总计(大写): **叁万陆仟壹佰陆拾圆整**　　　　　　(小写): **¥36160.00**

二、质量验收标准:按国家行业标准执行。

三、交货日期: **2023年01月11日**。

四、交货地点: **合肥市庐阳区长江中路355号**。

五、结算方式: **银行承兑汇票,本公司以2022年10月26日收到的惠光电器开具的银行承兑汇票抵付该笔货款**。

六、发运方式及费用承担: **公路运输,相关费用由供货方承担**。

七、其　　他: **存在商品质量及溢余等情况,经双方协商,另行解决**。

八、违约条款:违约方须赔偿对方一切经济损失。但遇天灾人祸或其他人力不能控制之因素而导致延误交货,需方不能要求供方赔偿任何损失。

九、合同纠纷解决方式:经双方协商解决,如协商不成的,可向当地仲裁委员会提出申诉解决。

十、本合同一式两份,双方各执一份,自签订之日起生效。

供货方　(盖章)　　　　　　　　　　　　购买方　(盖章)

税　号: 913702172165060546　　　　　　税　号: 913401092876591456

开户银行: 中国工商银行青岛市海尔支行　　　开户银行: 交通银行合肥市长江路支行

银行账号: 7585924059687263343　　　　　银行账号: 33248446557836525 98

地　址: 青岛市海尔路1号海尔工业园创牌大楼　　地　址: 合肥市庐阳区长江中路355号

法定代表: 徐慧华　　　　　　　　　　　法定代表: 王翔

联系电话: 0532-78694532　　　　　　　联系电话: 0551-99878897

图1-40　【业务二十】原始凭证1

3702179223	山东增值税专用发票	№97465543	3702179223 97465543

开票日期：2023年01月11日

购买方	名　称：合肥飞翔电器销售公司 纳税人识别号：913401092876591456 地址、电话：合肥市庐阳区长江中路355号，0551-99878897 开户行及账号：交通银行合肥市长江路支行，3324844655783652598	密码区	48*7>+>-2/3-65745<14539458<3844530481<194 9875/3750384<1948*7>+>-2/51948*7>+>55445 45987>*8574<194561948*7>+>7-7<8*873/+<424 57913-30011521948*7>+<191948*7>+>142>>8-

货物或应税劳务、服务名称	规格型号	单位	数量	单价	金额	税率	税额
*家用清洁电器具*滚筒洗衣机	MDR-715	台	20	1600.00	32000.00	13%	4160.00
合　　计					￥32000.00		￥4160.00

价税合计（大写）　⊗叁万陆仟壹佰陆拾圆整　　　　　　（小写）￥36160.00

销售方	名　称：青岛海尔集团洗衣机有限公司 纳税人识别号：913702172165060546 地址、电话：青岛市海尔路1号海尔工业园创牌大楼，0532-78694532 开户行及账号：中国工商银行青岛市海尔支行，7585924059687263343	备注	青岛海尔集团洗衣机有限公司 913702172165060546 发票专用章

收款人：（略）　　复核：（略）　　开票人：（略）　　销售方：（章）

图1-41 【业务二十】原始凭证2

入 库 单

2023 年 01 月 11 日　　　　单号 c011101

交来单位及部门	青岛海尔集团洗衣机有限公司	发票号码或生产单号码	97465543	验收仓库	商品库	入库日期	2023年01月11日

编号	名称及规格	单位	交库	实收	单价	金额	备注
1	滚筒洗衣机MDR-715	台	20	20			
	合　　计		20	20	—	—	

部门经理：（略）　　会计：（略）　　仓库：（略）　　经办人：（略）

图1-42 【业务二十】原始凭证3

1

银行承兑汇票

2　30103456
76984362

出票日期　贰零贰贰年　零壹拾月　贰拾陆日
（大写）

出票人全称	合肥惠光电器经销部	收款人	全称	合肥飞翔电器销售公司
出票人账号	8724465781011441047		账号	3324844655783652598
付款行名称	中国建设银行合肥市瑶海支行		开户银行	交通银行合肥市长江路支行

出票金额	人民币（大写）　叁万陆仟壹佰陆拾圆叁	亿千百十万千百十元角分
		￥3616000

汇票到期日（大写）	贰零贰叁年叁月贰拾陆日	付款行	行号	9623833
承兑协议编号	513123		地址	合肥市瑶海区站前路280号

本汇票请你行承兑，到期无条件付款。

本汇票已经承兑，到期日由本行付款。　密押

承兑日期 2022 年 10 月 26 日

复核（略）　记账（略）

出票人签章

此联收款人开户行随托收凭证寄付款行作借方凭证附件

图 1-43　【业务二十】原始凭证 4

被背书人	青岛海尔集团洗衣机有限公司	被背书人		被背书人	
	背书人签章 2023 年 01 月 11 日		背书人签章 年　月　日		背书人签章 年　月　日

（贴粘单处）

图 1-44　【业务二十】原始凭证 5

1

【业务二十一】 11日，采购部杨钱与金鑫配件签订直运采购合同（合同编号 cgzy01）。款项支付使用现付功能处理。取得相关凭证如图 1-45～图 1-48 所示。

购销合同

供货方：金鑫家电配件制造有限公司　　　　合同号：cgzy01

购买方：合肥飞翔电器销售公司　　　　　　签订日期：2023年01月11日

为保护买卖双方的合法权益，买卖双方根据《中华人民共和国合同法》的有关规定，经友好协商，一致同意签订本合同并共同遵守。

一、商品的名称、数量及金额

商品名称	规格型号	计量单位	数量	单价（不含税）	金额（不含税）	税率	税额
温度器	DJH-982	个	1000	5.00	5000.00	13%	650.00
触摸开关	CMK-956	只	500	30.00	15000.00	13%	1950.00
合　　计			1500	—	￥20000.00	—	￥2600.00

货款总计（大写）：贰万贰仟陆佰圆整　　　　　　　（小写）：￥22600.00

二、质量验收标准：按国家行业标准执行。

三、交货日期：2023年01月24日。

四、交货地点：合肥市庐阳区二环路329号。

五、结算方式：转账支票，付款时间：2023年01月11日。

六、发运方式及费用承担：公路运输，相关费用由供货方承担。

七、其　他：存在商品质量及滋余等情况，经双方协商，另行解决。

八、违约条款：违约方须赔偿对方一切经济损失。但遇天灾人祸或其他人力不能控制之因素而导致延误交货，需方不能要求供方赔偿任何损失。

九、合同纠纷解决方式：经双方协商解决，如协商不成的，可向当地仲裁委员会提出申诉解决。

十、本合同一式两份，双方各执一份，自签订之日起生效。

供货方 （盖章）　　　　　　　　　　　购买方 （盖章）

税　号：913401043538369886　　　　　税　号：913401092876591456

开户银行：中国工商银行合肥市蜀山支行　　开户银行：交通银行合肥市长江路支行

银行账号：6754465534320137819　　　　银行账号：3324844655783652598

地　址：合肥市蜀山区临江东路186号　　地　址：合肥市庐阳区长江中路355号

法定代表：刘晓露　　　　　　　　　　法定代表：王翔

联系电话：0551-74859656　　　　　　联系电话：0551-99878897

图 1-45 【业务二十一】原始凭证 1

图 1-46 【业务二十一】原始凭证 2

图 1-47 【业务二十一】原始凭证 3

【业务二十二】 11 日，销售部郑想与美乐家电签订促销购销合同（合同编号 xs0103），款项收取使用现结功能处理。取得相关凭证如图 1-49～图 1-53 所示。

交通银行
转账支票存根
30103427

20289802

附加信息

出票日期 *2023* 年 *01* 月 *11* 日

收款人:	*金鑫家电配件制造有限公司*
金　额:	*￥22600.00*
用　途:	*支付购货款*

单位主管（略）会计（略）

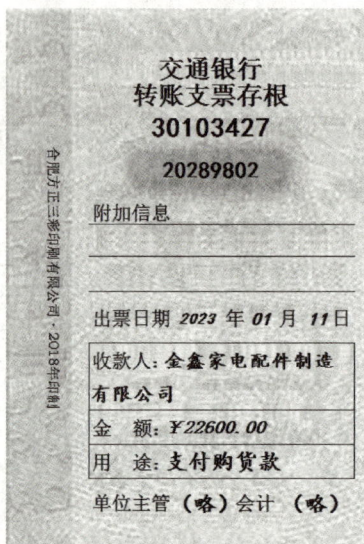

图 1-48　【业务二十一】原始凭证 4

购销合同

供货方：*合肥飞翔电器销售公司*　　　　　　合同号：*xs0103*
购买方：*合肥美乐家电经营部*　　　　　　　签订日期：*2023年01月11日*

为保护买卖双方的合法权益，买卖双方根据《中华人民共和国合同法》的有关规定，经友好协商，一致同意签订本合同并共同遵守。
一、商品的名称、数量及金额

商品名称	规格型号	计量单位	数量	单价（不含税）	金额（不含税）	税率	税额
主机控制板	DAH-564	件	70	2300.00	161000.00	13%	20930.00
接线板		个	70	0.00	0.00	13%	0.00
合　　计			140	—	￥161000.00	—	￥20930.00

货款总计（大写）：壹拾捌万壹仟玖佰叁拾圆整　　　　　　（小写）：￥181930.00

二、质量验收标准：按国家行业标准执行。
三、交货日期：*2023年01月11日*。
四、交货地点：*合肥市庐阳区长江中路355号*。
五、结算方式：*转账支票*，付款时间：*2023年01月11日*。
六、发运方式及费用承担：*买方自提，相关费用由购买方承担*。
七、其　他：*存在商品质量及溢余等情况，经双方协商，另行解决*。
八、违约条款：违约方须赔偿对方一切经济损失。但遇天灾人祸或其他人力不能控制之因素而导致延误交货，需方不能要求供方赔偿任何损失。
九、合同纠纷解决方式：经双方协商解决，如协商不成的，可向当地仲裁委员会提出申诉解决。
十、本合同一式两份，双方各执一份，自签订之日起生效。

供货方　（盖章）	购买方　（盖章）
税　号：91340109287659145б	税　号：913401059775797356
开户银行：交通银行合肥市长江路支行	开户银行：中国农业银行合肥市庐阳支行
银行账号：3324844655283652598	银行账号：8521329867347778789
地　址：合肥市庐阳区长江中路355号	地　址：合肥市庐阳区长江中路426号
法定代表：王翔	法定代表：何世铭
联系电话：0551-99878897	联系电话：0551-58256566

图 1-49　【业务二十二】原始凭证 1

1

图 1 - 50 【业务二十二】原始凭证 2

安徽增值税专用发票

3401092684 №76626802 3401092684 76626802

此联不作报销扣税凭证使用

开票日期：2023年01月11日

货物或应税劳务、服务名称	规格型号	单位	数量	单价	金额	税率	税额
*家用电器配件*主机控制板	DAH-564	件	70	2300.00	161000.00	13%	20930.00
*配电控制设备*接线板		个	70	30.00	2100.00	13%	273.00
*配电控制设备*接线板		个			-2100.00	13%	-273.00
合　　计					¥161000.00		¥20930.00

购买方
名称：合肥美乐家电经营部
纳税人识别号：913401059775797356
地址、电话：合肥市庐阳区长江中路426号，0551-58256566
开户行及账号：中国农业银行合肥市庐阳支行，8521329867347778789

价税合计（大写）⊗壹拾捌万壹仟玖佰叁拾圆整　（小写）¥181930.00

销售方
名称：合肥飞翔电器销售公司
纳税人识别号：913401092876591456
地址、电话：合肥市庐阳区长江中路355号，0551-99878897
开户行及账号：交通银行合肥市长江路支行，3324844655783652598

收款人：（略）　复核：（略）　开票人：（略）　销售方：（章）

图 1 - 51 【业务二十二】原始凭证 3

交通银行 进账单 （收账通知） 3

2023 年 01 月 11 日

出票人	全称	合肥美乐家电经营部	收款人	全称	合肥飞翔电器销售公司
	账号	8521329867347778789		账号	3324844655783652598
	开户银行	中国农业银行合肥市庐阳支行		开户银行	交通银行合肥市长江路支行

金额	人民币（大写）壹拾捌万壹仟玖佰叁拾圆整	亿	千	百	十	万	千	百	十	元	角	分
				¥	1	8	1	9	3	0	0	0

票据种类	转账支票	票据张数	1
票据号码	27119426		

交通银行合肥市长江路支行
2023.01.11
转讫

复核 （略）　记账 （略）　　　　　收款人开户银行签章

此联是收款人开户银行交给收款人的收账通知

出 库 单

出货单位：合肥飞翔电器销售公司　　　　2023 年 01 月 11 日　　　　单号：x011101

提货单位或领货部门	合肥美乐家电经营部	销售单号	76626802	发出仓库	配件库	出库日期	2023年01月11日	
编 号	名 称 及 规 格	单位	数量 应发	数量 实发	单价	金 额		会
1	主机控制板DAH-564	件	70	70				计
								联
	合计		70	70	—			

部门经理：（略）　　　　会计：（略）　　　　仓库：（略）　　　　经办人：（略）

图 1-52 【业务二十二】原始凭证 4

出 库 单

出货单位：合肥飞翔电器销售公司　　　　2023 年 01 月 11 日　　　　单号：x011102

提货单位或领货部门	合肥美乐家电经营部	销售单号	76626802	发出仓库	赠品库	出库日期	2023年01月11日	
编 号	名 称 及 规 格	单位	数量 应发	数量 实发	单价	金 额		会
1	接线板	个	70	70				计
								联
	合计		70	70	—			

部门经理：（略）　　　　会计：（略）　　　　仓库：（略）　　　　经办人：（略）

图 1-53 【业务二十二】原始凭证 5

【业务二十三】 12日,采购部杨钱与金鑫配件签订购销合同(合同编号 cg0110)。取得相关凭证如图 1-54 所示。

购销合同

供货方:**金鑫家电配件制造有限公司**　　　　合同号:**cg0110**

购买方:**合肥飞翔电器销售公司**　　　　　　签订日期:**2023年01月12日**

为保护买卖双方的合法权益,买卖双方根据《中华人民共和国合同法》的有关规定,经友好协商,一致同意签订本合同并共同遵守。

一、商品的名称、数量及金额

商品名称	规格型号	计量单位	数量	单价(不含税)	金额(不含税)	税率	税额
遥控开关	KZB-152	个	400	58.50	23400.00	13%	3042.00
合　计			400	—	￥23400.00	—	￥3042.00

货款总计(大写):**贰万陆仟肆佰肆拾贰圆整**　　　　　(小写):**￥26442.00**

二、质量验收标准:按国家行业标准执行。

三、交货日期:**2023年01月19日**。

四、交货地点:**合肥市庐阳区长江中路355号**。

五、结算方式:**转账支票**,付款时间:**2023年3月31日**。

六、发运方式及费用承担:**公路运输,相关费用由供货方承担**。

七、其　他:**存在商品质量及溢余等情况,经双方协商,另行解决**。

八、违约条款:违约方须赔偿对方一切经济损失。但遇天灾人祸或其他人力不能控制之因素而导致延误交货,需方不能要求供方赔偿任何损失。

九、合同纠纷解决方式:经双方协商解决,如协商不成的,可向当地仲裁委员会提出申诉解决。

十、本合同一式两份,双方各执一份,自签订之日起生效。

供货方　(盖章)　　　　　　　　　　　　购买方　(盖章)

税　号:**913401043538369886**　　　　　　税　号:**913401092876591456**

开户银行:**中国工商银行合肥市蜀山支行**　　开户银行:**交通银行合肥市长江路支行**

银行账号:**6754465534320137819**　　　　　银行账号:**3324844655783652598**

地　址:**合肥市蜀山区临江东路186号**　　地　址:**合肥市庐阳区长江中路355号**

法定代表:**刘晓露**　　　　　　　　　　　法定代表:**王翔**

联系电话:**0551-74859656**　　　　　　　联系电话:**0551-99878897**

图 1-54 【业务二十三】原始凭证

【业务二十四】　12日,销售部陈思与广聚源家电签订购销合同(合同编号 xs0104)。取得相关凭证如图 1-55、图 1-56 所示。

购销合同

供货方：**合肥飞翔电器销售公司**　　　　　合同号：**xs0104**

购买方：**合肥广聚源家电经销部**　　　　　签订日期：**2023年01月12日**

为保护买卖双方的合法权益,买卖双方根据《中华人民共和国合同法》的有关规定,经友好协商,一致同意签订本合同并共同遵守。

一、商品的名称、数量及金额

商品名称	规格型号	计量单位	数量	单价(不含税)	金额(不含税)	税率	税额
直筒洗衣机	MBR-702	台	160	1200.00	192000.00	13%	24960.00
合　　计			160	—	￥192000.00	—	￥24960.00

货款总计(大写)：**贰拾壹万陆仟玖佰陆拾圆整**　　　　　(小写)：**￥216960.00**

二、质量验收标准：按国家行业标准执行。

三、交货日期：**2023年01月12日**。

四、交货地点：**合肥市庐阳区长江中路355号**。

五、结算方式：**转账支票,开具发票之日起2/10,1/20,n/30(金额按货物的价款计算,不考虑增值税)**

六、发运方式及费用承担：**买方自提,相关费用由购买方承担。**

七、其　他：**存在商品质量及溢余等情况,经双方协商,另行解决。**

八、违约条款：违约方须赔偿对方一切经济损失。但遇天灾人祸或其他人力不能控制之因素而导致延误交货,需方不能要求供方赔偿任何损失。

九、合同纠纷解决方式：经双方协商解决,如协商不成的,可向当地仲裁委员会提出申诉解决。

十、本合同一式两份,双方各执一份,自签订之日起生效。

供货方　(盖章)

税　号：913401092876591456

开户银行：交通银行合肥市长江路支行

银行账号：3324844655783652598

地　址：合肥市庐阳区长江中路355号

法定代表：王翔

联系电话：0551-99878897

购买方　(盖章)

税　号：913401095793870836

开户银行：中国银行合肥市蜀山支行

银行账号：2193045899201028802

地　址：合肥市蜀山区官亭路140号

法定代表：徐雨波

联系电话：0551-05265209

图 1-55　【业务二十四】原始凭证 1

出　库　单

出货单位：合肥飞翔电器销售公司		2023 年 01 月 12 日				单号：x011201		
提货单位或领货部门	合肥广聚源家电经销部	销售单号	xs0104	发出仓库	商品库	出库日期	2023年01月12日	
编　号	名称及规格	单位	数　量		单　价	金　额		
			应　发	实　发				
1	直筒洗衣机MBR-702	台	160	160				
	合计		160	160	—			

部门经理：（略）　　　会计：（略）　　　仓库：（略）　　　经办人：（略）

图 1 - 56　【业务二十四】原始凭证 2

【业务二十五】　13 日，收到金鑫配件根据合同 cg0108 发来的货物与增值税专用发票。取得相关凭证如图 1 - 57～图 1 - 60 所示。

图 1 - 57　【业务二十五】原始凭证 1

入 库 单

2023 年 01 月 13 日   单号 c011301

交来单位及部门	金鑫家电配件制造有限公司		发票号码或生产单号码	77760685			验收仓库	配件库	入库日期	2023年01月13日		
编号	名称及规格		单位	数量		单价	金额		备注			会
				交库	实收							
1	主机控制板DAH-564		件	30	30							计
												联
	合 计			30	30	—			—			

部门经理：（略）　　　　会计：（略）　　　　仓库：（略）　　　　经办人：（略）

图 1-58 【业务二十五】原始凭证 2

入 库 单

2023 年 01 月 13 日   单号 c011302

交来单位及部门	金鑫家电配件制造有限公司		发票号码或生产单号码	77760685			验收仓库	耗品库	入库日期	2023年01月13日		
编号	名称及规格		单位	数量		单价	金额		备注			会
				交库	实收							
1	接线板		个	30	30							计
												联
	合 计			30	30	—			—			

部门经理：（略）　　　　会计：（略）　　　　仓库：（略）　　　　经办人：（略）

图 1-59 【业务二十五】原始凭证 3

业务二十六

【业务二十六】 13 日,采购部杨钱与容声冰箱签订购销合同(合同编号 cg0111)。取得相关凭证如图 1-61~图 1-63 所示。

受赠商品处理报告表

2023 年 01 月 13 日

供货方	金鑫家电配件制造有限公司			购买方	合肥飞翔电器销售公司		
地 址	合肥市蜀山区临江东路186号			地 址	合肥市庐阳区长江中路355号		
电 话	0551-74859656			电 话	0551-99878897		
编号	赠品名称	赠品规格	计量单位	赠品数量	购货/受赠合同编号	入库单号	
1	接线板		个	30	cg0108	c011302	

财务部门建议处理意见：	入赠品库、不核算入库成本
单位主管部门批复处理意见：	同意

部门负责人： （略）　　　　　审批人： （略）　　　　　制单人： （略）

图 1－60 【业务二十五】原始凭证 4

购销合同

供货方： 海信容声冰箱有限公司　　　　　　合同号： cg0111

购买方： 合肥飞翔电器销售公司　　　　　　签订日期： 2023年01月13日

为保护买卖双方的合法权益，买卖双方根据《中华人民共和国合同法》的有关规定，经友好协商，一致同意签订本合同并共同遵守。

一、商品的名称、数量及金额

商品名称	规格型号	计量单位	数量	单价(不含税)	金额(不含税)	税率	税额
多开门冰箱	BFD-600	台	60	2400.00	144000.00	13%	18720.00
合 计			60	—	¥144000.00	—	¥18720.00

货款总计（大写）：壹拾陆万贰仟柒佰贰拾圆整　　　　（小写）：￥162720.00

二、质量验收标准：按国家行业标准执行。

三、交货日期：2023年01月13日。

四、交货地点：合肥市庐阳区长江中路355号。

五、结算方式：电汇，现金折扣，取得发票之日起2/10, 1/20, n/30（金额按货物的价款计算，不考虑增值税）。

六、发运方式及费用承担：公路运输，相关费用由供货方承担。

七、其　他：存在商品质量及溢余等情况，经双方协商，另行解决。

八、违约条款：违约方须赔偿对方一切经济损失。但遇天灾人祸或其他人力不能控制之因素而导致延误交货，需方不能要求供方赔偿任何损失。

九、合同纠纷解决方式：经双方协商解决，如协商不成的，可向当地仲裁委员会提出申诉解决。

十、本合同一式两份，双方各执一份，自签订之日起生效。

供货方　（盖章）	购买方　（盖章）
税　号： 91440109474940175б	税　号： 913401092876591456
开户银行： 中国农业银行佛山市顺德支行	开户银行： 交通银行合肥市长江路支行
银行账号： 12233248573365779980	银行账号： 33248446557862552598
地　址： 佛山市顺德区容奇大道东12号	地　址： 合肥市庐阳区长江中路355号
法定代表： 方桐光	法定代表： 王翔
联系电话： 0757-54958532	联系电话： 0551-99878897

图 1－61 【业务二十六】原始凭证 1

1

广东增值税专用发票

4401097207   № 98441578   4401097207
                                                                   98441578

全国统一发票监制章
广东
发票联
国家税务局监制

开票日期：2023年01月13日

购买方	名　　称：合肥飞翔电器销售公司	密码区	48*7>+)-2/3-65745<14539458<3844530481<194
	纳税人识别号：913401092876591456		9875/3750384<1948*7>+)-2//51948*7>)55445
	地址、电话：合肥市庐阳区长江中路355号,0551-99878897		45987>8574<194561948*7>)7-7<8*873/+<424
	开户行及账号：交通银行合肥市长江路支行,3324844655783652598		57913-30011521948*7>+<191948*7>)142)>8-

货物或应税劳务、服务名称	规格型号	单位	数量	单价	金额	税率	税额
*家用制冷器具*多开门冰箱	BFD-600	台	60	2400.00	144000.00	13%	18720.00
合　　　　计					￥144000.00		￥18720.00

价税合计（大写）	⊗壹拾陆万贰仟柒佰贰拾圆整		（小写）￥162720.00

销售方	名　　称：海信容声冰箱有限公司	备注	
	纳税人识别号：914401094749401756		
	地址、电话：佛山市顺德区容奇大道东12号,0757-54958532		海信容声冰箱有限公司
	开户行及账号：中国农业银行佛山市顺德支行,1223324657365779980		914401094749401756 发票专用章

收款人：（略）　　　复核：（略）　　　开票人：（略）　　　销售方：（章）

第三联：发票联　购买方记账凭证

图1-62　【业务二十六】原始凭证2

入 库 单

2023 年 01 月 13 日

单号 c011303

交来单位及部门	海信容声冰箱有限公司	发票号码或生产单号码	98441578	验收仓库	商品库	入库日期	2023年01月13日

编号	名称及规格	单位	数量		单价	金额	备注
			交库	实收			
1	多开门冰箱BFD-600	台	60	60			
合　　　计			60	60	—	—	—

部门经理：（略）　　　会计：（略）　　　仓库：（略）　　　经办人：（略）

图1-63　【业务二十六】原始凭证3

【业务二十七】　14日,销售部李力与天马家电签订购销合同(合同编号 xs0105)。销售金鑫配件委托本单位代销的电机 YSH-215(代销合同编号 wt0101),收取款项使用现结功能处理。取得相关凭证如图1-64～图1-67所示。

业务二十七

购销合同

供货方：**合肥飞翔电器销售公司**　　　　合同号：**xs0105**
购买方：**合肥天马家电经营部**　　　　签订日期：**2023年01月14日**

为保护买卖双方的合法权益,买卖双方根据《中华人民共和国合同法》的有关规定,经友好协商,一致同意签订本合同并共同遵守。

一、商品的名称、数量及金额

商品名称	规格型号	计量单位	数量	单价(不含税)	金额(不含税)	税率	税额
电机	YSH-215	台	80	900.00	72000.00	13%	9360.00
合计			80	—	￥72000.00	—	￥9360.00

货款总计(大写)：**捌万壹仟叁佰陆拾圆整**　　　　(小写)：**￥81360.00**

二、质量验收标准：按国家行业标准执行。
三、交货日期：**2023年01月14日**。
四、交货地点：**合肥市庐阳区长江中路355号**。
五、结算方式：**转账支票,付款时间：2023年01月14日**。
六、发运方式及费用承担：**买方自提,相关费用由购买方承担**。
七、其　他：**存在商品质量及溢余等情况,经双方协商,另行解决**。
八、违约条款：违约方须赔偿对方一切经济损失。但遇天灾人祸或其他人力不能控制之因素而导致延误交货,需方不能要求供方赔偿任何损失。
九、合同纠纷解决方式：经双方协商解决,如协商不成的,可向当地仲裁委员会提出申诉解决。
十、本合同一式两份,双方各执一份,自签订之日起生效。

供货方　(盖章)
税　号：913401092876591456
开户银行：交通银行合肥市长江路支行
银行账号：3324844655783652598
地　址：合肥市庐阳区长江中路355号
法定代表：王翔
联系电话：0551-99878897

购买方　(盖章)
税　号：913401052175510136
开户银行：中国工商银行合肥市庐阳支行
银行账号：4525621059186961363
地　址：合肥市庐阳区二环路329号
法定代表：李海涛
联系电话：0551-57652584

图1-64　【业务二十七】原始凭证1

1

图 1-65　【业务二十七】原始凭证 2

图 1-66　【业务二十七】原始凭证 3

图 1 - 67　【业务二十七】原始凭证 4

【业务二十八】　14 日，向卓越电器发出合同 xs0102 规定的货物，并开具增值税专用发票。取得相关凭证如图 1 - 68、图 1 - 69 所示。

图 1 - 68　【业务二十八】原始凭证 1

【业务二十九】　15 日，采购部杨钱与金鑫配件签订受托代销合同（合同编号 wt0103）。取得相关凭证如图 1 - 70、图 1 - 71 所示。

【业务三十】　15 日，采购部杨钱与容声冰箱签订购销合同（合同编号 cg0112），款项支付不使用现付功能。取得相关凭证如图 1 - 72～图 1 - 77 所示。

出 库 单

出货单位：合肥飞翔电器销售公司 2023 年 01 月 14 日 单号：x011402

提货单位或领货部门	合肥卓越电器商行		销售单号	76626804	发出仓库	商品库	出库日期	2023年01月14日	
编号	名称及规格	单位	数量 应发	数量 实发		单价		金额	会
1	双开门冰箱BCD-400	台	90	90					计
									联
	合计		90	90		—			

部门经理：（略）　　会计：（略）　　仓库：（略）　　经办人：（略）

图 1-69 【业务二十八】原始凭证 2

委托代销合同

委托方：金鑫家电配件制造有限公司　　合同号：wt0103

受托方：合肥飞翔电器销售公司　　签订日期：2023年01月15日

为保护买卖双方的合法权益，买卖双方根据《中华人民共和国合同法》的有关规定，经友好协商，一致同意签订本合同并共同遵守。

一、商品的名称、数量及金额

商品名称	规格型号	计量单位	数量	单价（不含税）	金额（不含税）	税率	税额
压缩机	WDQ-365	台	100	1500.00	150000.00	13%	19500.00
合　计			100	—	￥150000.00	—	￥19500.00

货款总计（大写）：壹拾陆万玖仟伍佰圆整　　　　（小写）：￥169500.00

二、质量验收标准：按国家行业标准执行。

三、委托代销方式：双方约定，采用视同买断的方式由委托方委托受托方代销货物。

四、交货日期：2023年01月15日。

五、交货地点：合肥市庐阳区长江中路355号。

六、结算方式：转账支票，每月月底结算一次。

七、发运方式及费用承担：公路运输，相关费用由委托方承担。

八、其　他：4月30日前未销售完成的商品可退给委托方。

九、违约条款：违约方须赔偿对方一切经济损失。但遇天灾人祸或其他人力不能控制之因素而导致延误交货，需方不能要求供方赔偿任何损失。

十、合同纠纷解决方式：经双方协商解决，如协商不成的，可向当地仲裁委员会提出申诉解决。

十一、本合同一式两份，双方各执一份，自签订之日起生效。

委托方　（盖章）	受托方　（盖章）
税　号：91340104353869886	税　号：913401092876591456
开户银行：中国工商银行合肥市蜀山支行	开户银行：交通银行合肥市长江路支行
银行账号：6754465534320137819	银行账号：3324844655783652598
地　址：合肥市蜀山区临合泰路186号	地　址：合肥市庐阳区长江中路355号
法定代表：刘晓露	法定代表：王翔
联系电话：0551-74859656	联系电话：0551-99878897

图 1-70 【业务二十九】原始凭证 1

入 库 单

2023 年 01 月 15 日

单号 c011501

交来单位及部门	金鑫家电配件制造有限公司		发票号码或生产单号码	wt0103			验收仓库	代销库	入库日期	2023年01月15日
编号	名称及规格		单位	数量		单价	金额		备注	
				交库	实收					
1	压缩机WDQ-365		台	100	100					
	合　　　计			100	100	—			—	

部门经理：(略)　　　会计：(略)　　　仓库：(略)　　　经办人：(略)

图 1-71 【业务二十九】原始凭证 2

购销合同

供货方：海信容声冰箱有限公司　　　　　合同号：cg0112

购买方：合肥飞翔电器销售公司　　　　　签订日期：2023年01月15日

为保护买卖双方的合法权益，买卖双方根据《中华人民共和国合同法》的有关规定，经友好协商，一致同意签订本合同并共同遵守。

一、商品的名称、数量及金额

商品名称	规格型号	计量单位	数量	单价(不含税)	金额(不含税)	税率	税额
双开门冰箱	BCD-400	台	60	1550.00	93000.00	13%	12090.00
合　　　计			60	—	￥93000.00	—	￥12090.00

货款总计(大写)：壹拾万伍仟零玖拾圆整　　　　　(小写)：￥105090.00

二、质量验收标准：按国家行业标准执行。

三、交货日期：2023年01月15日。

四、交货地点：合肥市庐阳区长江中路355号。

五、结算方式：电汇，付款时间：2023年01月15日。

六、发运方式及费用承担：公路运输，供货方代垫运输费用，代垫款项随同商品货款一并结清。

七、其　他：存在商品质量及溢余等情况，经双方协商，另行解决。

八、违约条款：违约方须赔偿对方一切经济损失。但遇天灾人祸或其他人力不能控制之因素而导致延误交货，需方不能要求供方赔偿任何损失。

九、合同纠纷解决方式：经双方协商解决，如协商不成的，可向当地仲裁委员会提出申诉解决。

十、本合同一式两份，双方各执一份，自签订之日起生效。

供货方　(盖章)	购买方　(盖章)
税　号：91440109474940175G	税　号：91340109287659145G
开户银行：中国农业银行佛山市顺德支行	开户银行：交通银行合肥市长江路支行
银行账号：12233248573657799980	银行账号：3324844655783652598
地　址：佛山市顺德区容奇大道东12号	地　址：合肥市庐阳区长江中路355号
法定代表：方桐光	法定代表：王翔
联系电话：0757-54958532	联系电话：0551-99878897

图 1-72 【业务三十】原始凭证 1

1

广东增值税专用发票

| 4401096107 | | | No 96871836 | | | | 4401096107 96871836 |

开票日期: 2023年01月15日

| 购买方 | 名　称: 合肥飞翔电器销售公司
纳税人识别号: 913401092876591456
地　址、电话: 合肥市庐阳区长江中路355号, 0551-99878897
开户行及账号: 交通银行合肥市长江路支行, 3324844655783652598 | 密码区 | 48*7)+>-2/3-65745<14539458<3844530481<194
9875/3750384<1948*7)+>-2//51948*7)+>55445
45987*8574<194561948*7)+>7-7<8*873/+<424
57913-30011521948*7)+<191948*7)+>142)>8- |

货物或应税劳务、服务名称	规格型号	单位	数量	单价	金额	税率	税额
*家用制冷器具*双开门冰箱	BCD-400	台	60	1550.00	93000.00	13%	12090.00
合　　计					￥93000.00		￥12090.00
价税合计(大写)	⊗壹拾万伍仟零玖拾圆整					（小写）￥105090.00	

| 销售方 | 名　称: 海信容声冰箱有限公司
纳税人识别号: 914440109474941756
地　址、电话: 佛山市顺德区容奇大道东12号, 0757-54958532
开户行及账号: 中国农业银行佛山市顺德支行, 1223324857365779980 | 备注 | |

收款人: (略)　　复核: (略)　　开票人: (略)　　销售方: (章)

图 1-73 【业务三十】原始凭证 2

安徽增值税专用发票

| 3401102127 | | | No 88043248 | | | | 3401102127 88043248 |

开票日期: 2023年01月15日

| 购买方 | 名　称: 合肥飞翔电器销售公司
纳税人识别号: 913401092876591456
地　址、电话: 合肥市庐阳区长江中路355号, 0551-99878897
开户行及账号: 交通银行合肥市长江路支行, 3324844655783652598 | 密码区 | 48*7)+>-2/3-65745<14539458<3844530481<194
9875/3750384<1948*7)+>-2//51948*7)+>55445
45987*8574<194561948*7)+>7-7<8*873/+<424
57913-30011521948*7)+<191948*7)+>142)>8- |

货物或应税劳务、服务名称	规格型号	单位	数量	单价	金额	税率	税额
*运输服务*运输费用		公里	1500	2.00	3000.00	10%	270.00
合　　计					￥3000.00		￥270.00
价税合计(大写)	⊗叁仟贰佰柒拾圆整					（小写）￥3270.00	

| 销售方 | 名　称: 合肥路路通快递有限责任公司
纳税人识别号: 913401103965602556
地　址、电话: 合肥市包河区东流路176号, 0551-62999666
开户行及账号: 中国建设银行合肥市东流支行, 4321055698762100122 | 备注 | 车辆: 东风小货车-DFD1596
车号: 皖A5S89Z
起运地: 佛山市顺德区容奇大道东12号
到达地: 合肥市庐阳区长江中路355号 |

收款人: (略)　　复核: (略)　　开票人: (略)　　销售方: (章)

图 1-74 【业务三十】原始凭证 3

入 库 单

2023 年 01 月 15 日

单号 c011502

交来单位及部门	海信容声冰箱有限公司		发票号码或生产单号码	96871836		验收仓库	商品库	入库日期	2023年01月15日
编号	名称及规格		单位	数量		单价	金额	备注	
				交库	实收				
1	双开门冰箱BCD-400		台	60	60				
	合　计			60	60	—		—	

部门经理：（略）　　　会计：（略）　　　仓库：（略）　　　经办人：（略）

图 1-75　【业务三十】原始凭证 4

付 款 审 批 单

2023 年　　01 月　　15 日

收款单位	海信容声冰箱有限公司		申请部门	采购部
开户行	中国农业银行佛山市顺德支行		经手人	杨钱
账　号	12233248573657799980		付款方式	电汇
付款用途	支付合同cg0112规定的购货款。			
付款金额	人民币（大写）	壹拾万捌仟叁佰陆拾圆整	小写	￥108360.00
总经理	财务负责人		部门负责人	出纳
王翔	张固		杨钱	周冲

会计主管：（略）　　审核：（略）　　出纳：（略）　　　　制单：（略）

图 1-76　【业务三十】原始凭证 5

交通银行 银行电汇凭证（回单）   **1**

委托日期 2023 年 01 月 15 日   No. 10053977

汇款人	全 称	合肥飞翔电器销售公司	收款人	全 称	海信家声冰箱有限公司
	账 号	3324844655783652598		账 号	1223324857365779980
	汇出地点	安徽省 合肥 市/县		汇入地点	广东省 佛山 市/县
	汇出行名称	交通银行合肥市长江路支行		汇入行名称	中国农业银行佛山市顺德支行

金额	人民币（大写）	壹拾万捌仟叁佰陆拾圆整	亿	千	百	十	万	千	百	十	元	角	分
				￥	1	0	8	3	6	0	0	0

支付密码

交通银行合肥市长江路支行
2023.01.15
转讫

附加信息及用途：
支付合同cg0112规定的购货款。

汇出行签章

此联汇出行给汇款人的回单

图 1-77 【业务三十】原始凭证 6

【业务三十一】 15 日，仓储部许良对商品库及配件库进行盘点。取得相关凭证如图1-78、图1-79 所示。

业务三十一

存 货 盘 点 表

盘点仓库：商品库   盘点日期：2023.01.15   盘点人：许良

序号	商品名称	规格型号	账面		盘盈	盘亏	实盘	
			数量	金额	数量	数量	数量	金额
1	直筒洗衣机	MBR-702	30				30	
2	滚筒洗衣机	MDR-715	90				90	
3	壁挂式空调	BGS-356	60				60	
4	立柜式空调	LGS-726	110				110	
5	双开门冰箱	BCD-400	80				80	
6	多开门冰箱	BFD-600	150				150	
	合 计		—		—	—		

以上"金额"均为原值

图 1-78 【业务三十一】原始凭证 1

1

存 货 盘 点 表

盘点仓库：配件库　　　　盘点日期：2023.01.15　　　　盘点人：许良

序号	商品名称	规格型号	账面		盘盈	盘亏	实盘	
			数量	金额	数量	数量 2023	数量	金额
1	主机控制板	DAH-564	130				130	
2	触摸开关	CMK-956	450			10	440	
3	遥控开关	KZB-152	480			8	472	
4	照明灯	ZMD-963	190				190	
5	温度器	DJH-982	500			1	499	
6	电器盒	YKK-576	180				180	
合	计		—		—	—	—	

以上"金额"均为原值

图 1-79　【业务三十一】原始凭证 2

【业务三十二】　15 日,配件库盘亏的存货报批入账。取得相关凭证如图 1-80 所示。

存货盘盈/亏处理报告表

企业名称：合肥飞翔电器销售有限公司　　2023 年　　01 月　　15 日　　　　　单位：元

名称和规格	计量单位	单价	数量		盘盈		盘亏		差异原因
			账存	实存	数量	金额	数量	金额	
触摸开关CMK-956	只	30.00	450	440			10	300.00	收发计量差错
遥控开关KZB-152	个	60.00	480	472			8	480.00	收发计量差错
温度器DJH-982	个	5.00	500	499			1	5.00	收发计量差错
财务部门建议处理意见：		计入管理费用							
单位主管部门批复处理意见：		同意							

批准人：（略）　　　　审批人：（略）　　　　部门负责人：（略）　　　　制单：（略）

图 1-80　【业务三十二】原始凭证

【业务三十三】　16 日,收到金鑫配件根据合同 cg0106 发来的货物与增值税专用发票。取得相关凭证如图 1-81～图 1-83 所示。

【业务三十四】　16 日,销售部陈思与天鹅家电签订购销合同(合同编号 xs0106)。取得相关凭证如图 1-84 所示。

业务三十二

业务三十三

业务三十四

1

货 物 拒 收 单

2023 年 01 月 16 日

交来单位或部门	金鑫家电配件制造有限公司	采购单号	cg0106	
验收仓库	配件库	验收日期	2023.01.16	

编号	名称及规格	单位	数量			业
			到货	实收	拒收	务
1	电器盒YKK-576	件	40	0	40	
						联
合计			40	0	40	
拒收原因		到货商品与合同要求不符，质量存在问题。				

主管：（略）   验收人员：（略）   供货人员：（略）

图 1-81 【业务三十三】原始凭证 1

商品质量问题处理协议书

甲方（供货方）： 金鑫家电配件制造有限公司

乙方（购买方）： 合肥飞翔电器销售公司

甲、乙双方与 2023 年 1 月 8 日签订购销合同 cg0106，约定由甲方向乙方提供商品电器盒 YKK-576，由于甲方提供的商品中有 40 台与乙方的具体要求有偏差，且存在一定的质量问题。为妥善处理甲乙双方之间存在的争议，减少双方因此产生的损失。根据诚实信用、公平互助的原则，经甲乙双方充分友好协商，达成以下共识：

一、乙方于签订协议当日退还该批商品。

二、甲方于 2023 年 1 月 17 日重新根据购销合同 cg0106 的相关规定，提供该批商品并运送至乙方指定地点。

三、如本协议无效或被撤销，则甲方仍继续按原合同及其他法律文件履行义务。

四、本协议经甲、乙双方加盖公章并由双方法定代表人或由法定代表人授权的代理人签字后生效。

五、本协议未尽事宜，遵照国家有关法律、法规和规章办理。

六、本协议一式两份，甲、乙双方各执一份，具同等法律效力。

甲方：金鑫家电配件   乙方：合肥飞翔电器
（签章）制造有限公司   （签章）销售公司

授权代理人   授权代理人
（签字）   侯宝峰   （签字）   杨钱

签订时间：   2023 年 01 月 16 日

图 1-82 【业务三十三】原始凭证 2

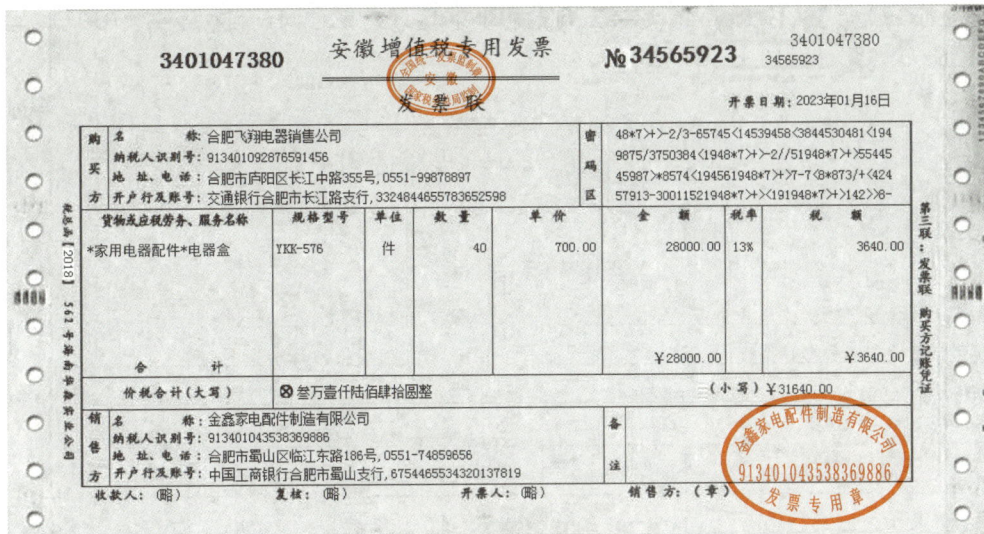

图 1-83 【业务三十三】原始凭证 3

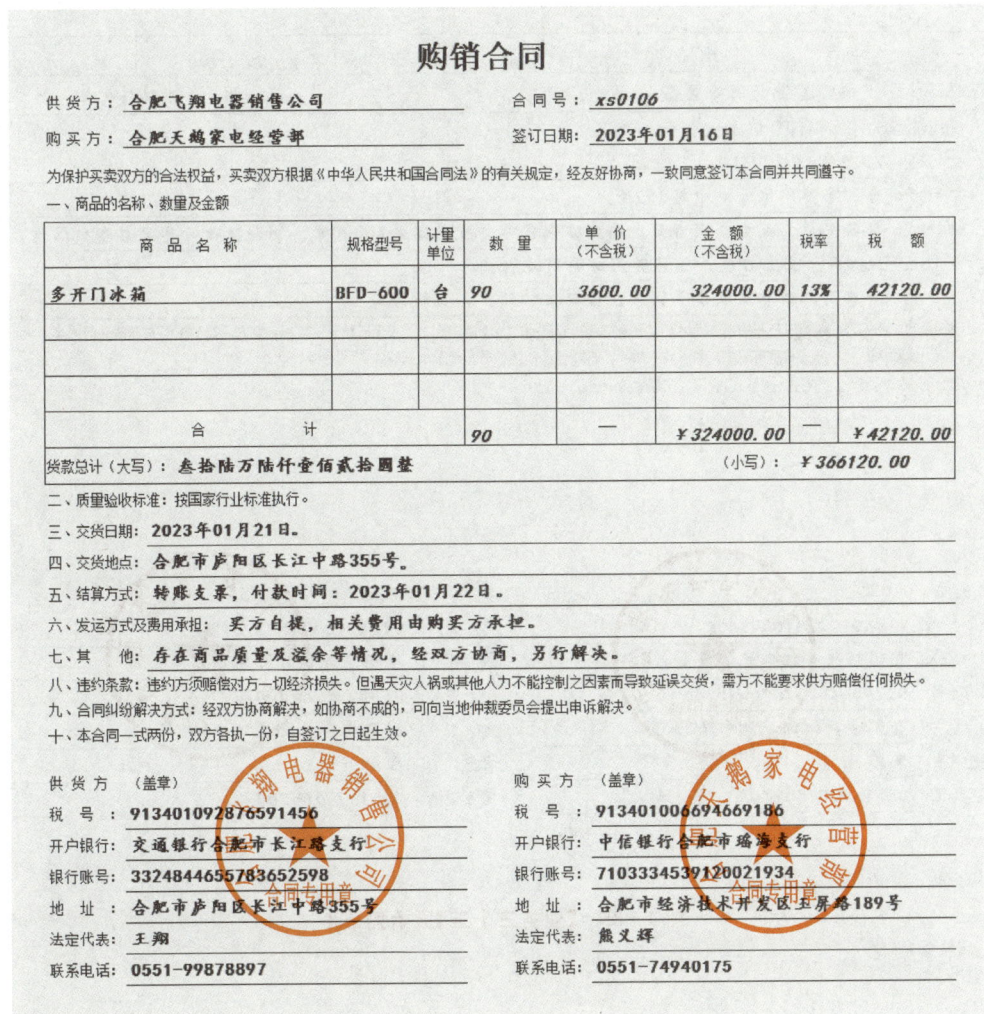

购销合同

供货方：合肥飞翔电器销售公司　　　　　合同号：xs0106

购买方：合肥天鹅家电经营部　　　　　　签订日期：2023年01月16日

为保护买卖双方的合法权益，买卖双方根据《中华人民共和国合同法》的有关规定，经友好协商，一致同意签订本合同并共同遵守。

一、商品的名称、数量及金额

商品名称	规格型号	计量单位	数量	单价(不含税)	金额(不含税)	税率	税额
多开门冰箱	BFD-600	台	90	3600.00	324000.00	13%	42120.00
合　　计			90	—	¥324000.00		¥42120.00

货款总计（大写）：叁拾陆万陆仟壹佰贰拾圆整　　　　　　（小写）：¥366120.00

二、质量验收标准：按国家行业标准执行。

三、交货日期：2023年01月21日。

四、交货地点：合肥市庐阳区长江中路355号。

五、结算方式：转账支票，付款时间：2023年01月22日。

六、发运方式及费用承担：买方自提，相关费用由购买方承担。

七、其　他：存在商品质量及溢余等情况，经双方协商，另行解决。

八、违约条款：违约方须赔偿对方一切经济损失。但遇天灾人祸或其他人力不能控制之因素而导致延误交货，需方不能要求供方赔偿任何损失。

九、合同纠纷解决方式：经双方协商解决，如协商不成的，可向当地仲裁委员会提出申诉解决。

十、本合同一式两份，双方各执一份，自签订之日起生效。

供货方　（盖章）	购买方　（盖章）
税　号：913401092876591456	税　号：913401006694669186
开户银行：交通银行合肥市长江路支行	开户银行：中信银行合肥市瑶海支行
银行账号：3324844655783652598	银行账号：7103334539120021934
地　址：合肥市庐阳区长江中路355号	地　址：合肥市经济技术开发区玉屏路189号
法定代表：王翔	法定代表：熊义辉
联系电话：0551-99878897	联系电话：0551-74940175

图 1-84 【业务三十四】原始凭证

1

业务三十五

【业务三十五】　16 日，销售部吴方与七彩电器签订购销合同（合同编号 xs0107）。取得相关凭证如图 1-85、图 1-86 所示。

购销合同

供货方：**合肥飞翔电器销售公司**　　　　　　合同号：**xs0107**

购买方：**合肥七彩电器商行**　　　　　　　　签订日期：**2023 年 01 月 16 日**

为保护买卖双方的合法权益，买卖双方根据《中华人民共和国合同法》的有关规定，经友好协商，一致同意签订本合同并共同遵守。

一、商品的名称、数量及金额

商品名称	规格型号	计量单位	数量	单价（不含税）	金额（不含税）	税率	税额
遥控开关	KZB-152	个	400	90.00	36000.00	13%	4680.00
合　　计			400	—	￥36000.00	—	￥4680.00

货款总计（大写）：**肆万零陆佰捌拾圆整**　　　　　　　　（小写）：**￥40680.00**

二、质量验收标准：按国家行业标准执行。

三、交货日期：**2023 年 01 月 27 日。**

四、交货地点：**合肥市庐阳区长江中路355号。**

五、结算方式：**转账支票，签订合同当日，购买方向供货方支付定金10000元，剩余款项开具发票当日结清。**

六、发运方式及费用承担：**买方自提，相关费用由购买方承担。**

七、其　他：**存在商品质量及溢余等情况，经双方协商，另行解决。**

八、违约条款：违约方须赔偿对方一切经济损失。但遇天灾人祸或其他人力不能控制之因素而导致延误交货，需方不能要求供方赔偿任何损失。

九、合同纠纷解决方式：经双方协商解决，如协商不成的，可向当地仲裁委员会提出申诉解决。

十、本合同一式两份，双方各执一份，自签订之日起生效。

供货方　（盖章）　　　　　　　　　　　　　购买方　（盖章）

税　号：**91340109287659145 6**　　　　　　税　号：**91340106245237672 6**

开户银行：**交通银行合肥市长江路支行**　　　　开户银行：**中国农业银行合肥市庐阳支行**

银行账号：**3324844655783652598**　　　　　银行账号：**2880236289520787244**

地　址：**合肥市庐阳区长江中路355号**　　　地　址：**合肥市庐阳区庐江路127号**

法定代表：**王翔**　　　　　　　　　　　　　法定代表：**陈娜妍**

联系电话：**0551-99878897**　　　　　　　　联系电话：**0551-72165060**

图 1-85　【业务三十五】原始凭证 1

1

交通银行 进账单 （收账通知） 3

2023 年 01 月 16 日

出票人	全称	合肥七彩电器商行	收款人	全称	合肥飞翔电器销售公司
	账号	2880236289520787244		账号	3324844655783652598
	开户银行	中国农业银行合肥市庐阳支行		开户银行	交通银行合肥市长江路支行

金额	人民币（大写）	壹万元整	亿	千	百	十	万	千	百	十	元	角	分
					￥	1	0	0	0	0	0	0	0

票据种类	转账支票	票据张数	1
票据号码	33088602		

交通银行合肥市长江路支行
2023.01.16
转讫

复核 （略） 记账 （略）

收款人开户银行签章

此联是收款人开户银行交给收款人的收账通知

图 1-86 【业务三十五】原始凭证 2

【业务三十六】 17 日，收到金鑫配件根据合同 cg0106 补发的货物。取得相关凭证如图 1-87～图 1-89 所示。

业务三十六

入 库 单

2023 年 01 月 17 日　　　　　　　　单号 c011701

交来单位及部门	金鑫家电配件制造有限公司	发票号码或生产单号码	34565923	验收仓库	配件库	入库日期	2023年01月17日

编号	名称及规格	单位	数量		单价	金额	备注
			交库	实收			
1	电器盒YKK-576	件	40	40			
合计			40	40	—		—

会 计 联

部门经理： （略）　　　会计： （略）　　　仓库： （略）　　　经办人： （略）

图 1-87 【业务三十六】原始凭证 1

付 款 审 批 单

2023 年　01 月　17 日

收款单位	金鑫家电配件制造有限公司		申请部门	采购部
开户行	中国工商银行合肥市蜀山支行		经手人	杨钱
账　号	6754465534320137819		付款方式	转账支票
付款用途	支付合同cg0106规定的购货款。			
付款金额	人民币(大写)	叁万壹仟陆佰肆拾圆整	小写	￥31640.00
总经理		财务负责人	部门负责人	出纳
王翔		张国	杨钱	周冲

会计主管：（略）　　审核：（略）　　　　出纳：（略）　　　　　制单：（略）

图 1–88　【业务三十六】原始凭证 2

合肥方正三彩印刷有限公司·2018年印制

交通银行
转账支票存根
30103427

20289803

附加信息 ＿＿＿＿＿＿

出票日期 2023 年 01 月 17 日

收款人：金鑫家电配件制造有限公司
金　额：￥31640.00
用　途：支付购货款

单位主管（略）会计 （略）

图 1–89　【业务三十六】原始凭证 3

【业务三十七】 17日,收到金鑫配件根据合同 cg0107 发来的货物与增值税专用发票。取得相关凭证如图 1-90、图 1-91 所示。

图 1-90 【业务三十七】原始凭证 1

图 1-91 【业务三十七】原始凭证 2

【业务三十八】 17日，销售部郑想与卓越电器签订购销合同（合同编号 xs0108），款项支付与收取使用现结功能处理。取得相关凭证如图 1-92～图 1-98 所示。

购销合同

供货方：**合肥飞翔电器销售公司**　　　　　合同号：**xs0108**
购买方：**合肥卓越电器商行**　　　　　　　签订日期：**2023年01月17日**

为保护买卖双方的合法权益，买卖双方根据《中华人民共和国合同法》的有关规定，经友好协商，一致同意签订本合同并共同遵守。

一、商品的名称、数量及金额

商品名称	规格型号	计量单位	数量	单价（不含税）	金额（不含税）	税率	税额
照明灯	ZMD-963	个	180	300.00	54000.00	13%	7020.00
合　计			180	—	¥54000.00	—	¥7020.00

货款总计（大写）：**陆万壹仟零贰拾圆整**　　　　　　（小写）：**￥61020.00**

二、质量验收标准：按国家行业标准执行。

三、交货日期：**2023年01月17日**。

四、交货地点：**合肥市蜀山区金寨路91号**。

五、结算方式：**转账支票，付款时间：2023年01月17日**。

六、发运方式及费用承担：**公路运输，相关费用由供货方承担**。

七、其　他：**存在商品质量及溢余等情况，经双方协商，另行解决**。

八、违约条款：违约方须赔偿对方一切经济损失。但遇天灾人祸或其他人力不能控制之因素而导致延误交货，需方不能要求供货方赔偿任何损失。

九、合同纠纷解决方式：经双方协商解决，如协商不成的，可向当地仲裁委员会提出申诉解决。

十、本合同一式两份，双方各执一份，自签订之日起生效。

供货方　（盖章）
税　号：**913401092876591456**
开户银行：**交通银行合肥市长江路支行**
银行账号：**3324844655783652598**
地　址：**合肥市庐阳区长江中路355号**
法定代表：**王翔**
联系电话：**0551-99878897**

购买方　（盖章）
税　号：**913401029087372236**
开户银行：**中国建设银行合肥市蜀山支行**
银行账号：**7878935366458325256**
地　址：**合肥市蜀山区金寨路91号**
法定代表：**车梦霜**
联系电话：**0551-96584214**

图 1-92 【业务三十八】原始凭证 1

1

安徽增值税专用发票

3401091326 　　3401091326

№ 76626805 　　76626805

此联不作报销、扣税凭证使用

开票日期：2023年01月17日

购买方	名　称：合肥卓越电器商行 纳税人识别号：913401029087372236 地　址、电话：合肥市蜀山区金寨路91号，0551-96584214 开户行及账号：中国建设银行合肥市蜀山支行，7878935366458325256

密码区：48*7)+)-2/3-65745<14539458<3844530481<194 9875/3750384<1948*7)+)-2//51948*7)+)55445 45987)*8574<194561948*7)+)7-7<8*873/+<424 57913-30011521948*7)+)<191948*7)+)142)>8-

货物或应税劳务、服务名称	规格型号	单位	数量	单价	金额	税率	税额
*电光源*照明灯	ZMD-963	个	180	300.00	54000.00	13%	7020.00
合　计					￥54000.00		￥7020.00

价税合计（大写）　⊗ 陆万壹仟零贰拾圆整　　　（小写）￥61020.00

销售方	名　称：合肥飞翔电器销售公司 纳税人识别号：913401092876591456 地　址、电话：合肥市庐阳区长江中路355号，0551-99878897 开户行及账号：交通银行合肥市长江支行，3324844655783652598	备注

合肥飞翔电器销售公司 913401092876591456 发票专用章

收款人：（略）　　复核：（略）　　开票人：（略）　　销售方：（章）

图 1-93 【业务三十八】原始凭证 2

安徽增值税专用发票

3401104043 　　3401104043

№ 26266579 　　26266579

发票联

开票日期：2023年01月17日

购买方	名　称：合肥飞翔电器销售公司 纳税人识别号：913401092876591456 地　址、电话：合肥市庐阳区长江中路355号，0551-99878897 开户行及账号：交通银行合肥市长江支行，3324844655783652598

密码区：48*7)+)-2/3-65745<14539458<3844530481<194 9875/3750384<1948*7)+)-2//51948*7)+)55445 45987)*8574<194561948*7)+)7-7<8*873/+<424 57913-30011521948*7)+)<191948*7)+)142)>8-

货物或应税劳务、服务名称	规格型号	单位	数量	单价	金额	税率	税额
*运输服务*运输费用		公里	20	10.00	200.00	9%	18.00
合　计					￥200.00		￥18.00

价税合计（大写）　⊗ 贰佰壹拾捌圆整　　　（小写）￥218.00

销售方	名　称：合肥路路通快递有限责任公司 纳税人识别号：913401103965602556 地　址、电话：合肥市包河区东流路176号，0551-62999666 开户行及账号：中国建设银行合肥市东流支行，4321055698782100122	备注：车辆：东风小货车-DD01508 车号：皖A5S89Z 起运地：合肥市庐阳区长江中路355号 到达地：合肥市蜀山区金寨路91号

合肥路路通快递有限责任公司 913401103965602556 发票专用章

收款人：（略）　　复核：（略）　　开票人：（略）　　销售方：（章）

图 1-94 【业务三十八】原始凭证 3

出 库 单

出货单位: 合肥飞翔电器销售公司　　　　　2023 年 01 月 17 日　　　　　单号: x011701

提货单位或领货部门	合肥卓越电器商行	销售单号	76626805	发出仓库	配件库	出库日期	2023年01月17日
编号	名称及规格	单位	数量 应发	数量 实发		单价	金额
1	照明灯 ZMD-963	个	180	180			
合计			180	180		—	

部门经理: (略)　　　　会计: (略)　　　　仓库: (略)　　　　经办人: (略)

图 1-95 【业务三十八】原始凭证 4

付 款 审 批 单

2023 年　　01 月　　17 日

收款单位	合肥路路通快递有限责任公司	申请部门	销售部
开 户 行	中国建设银行合肥市东流支行	经手人	李力
账 号	4321055698762100122	付款方式	转账支票
付款用途	支付商品照明灯ZMD-963的运输费用。		
付款金额	人民币(大写)　贰佰壹拾捌圆整	小写　¥218.00	
	总经理	财务负责人	部门负责人	出纳
	王翔	张国	李力	周冲

会计主管: (略)　　审核: (略)　　　　出纳: (略)　　　　制单: (略)

图 1-96 【业务三十八】原始凭证 5

交通银行
转账支票存根
30103427
20289804

附加信息

出票日期 2023 年 01 月 17 日

收款人:	合肥路路通快递有限责任公司
金　额:	￥218.00
用　途:	支付运输费用

单位主管（略）会计　（略）

图 1-97　【业务三十八】原始凭证 6

交通银行　进账单　（收账通知）　3

2023 年　01 月 17 日

出票人	全称	合肥卓越电器商行	收款人	全称	合肥飞翔电器销售公司
	账号	7878935366458325256		账号	3324844655783652598
	开户银行	中国建设银行合肥市蜀山支行		开户银行	交通银行合肥市长江路支行

| 金额 | 人民币（大写） | 陆万壹仟零贰拾圆整 | 亿 千 百 十 万 千 百 十 元 角 分 |
| | | | ￥6 1 0 2 0 0 0 |

| 票据种类 | 转账支票 | 票据张数 | 1 |
| 票据号码 | 36894589 | | |

交通银行合肥市长江路支行
2023.01.17
转讫

复核　（略）　记账　（略）

收款人开户银行签章

此联是收款人开户银行交给收款人的收账通知

图 1-98　【业务三十八】原始凭证 7

1

业务三十九

【业务三十九】　18日，采购部杨钱与金鑫配件签订促销购销合同(合同编号 cg0113)。取得相关凭证如图 1-99～图 1-102 所示。

购销合同

供货方：**金鑫家电配件制造有限公司**　　　　　合同号：_**cg0113**_

购买方：**合肥飞翔电器销售公司**　　　　　　签订日期：**2023年01月18日**

为保护买卖双方的合法权益，买卖双方根据《中华人民共和国合同法》的有关规定，经友好协商，一致同意签订本合同并共同遵守。

一、商品的名称、数量及金额

商品名称	规格型号	计量单位	数量	单价(不含税)	金额(不含税)	税率	税额
照明灯	ZMD-963	个	100	210.00	21000.00	13%	2730.00
照明灯	ZMD-963	个	5	0.00	0.00	13%	0.00
合　　　计			105	—	￥21000.00	—	￥2730.00

货款总计（大写）：**贰万叁仟柒佰叁拾圆整**　　　　　　　（小写）：￥23730.00

二、质量验收标准：按国家行业标准执行。

三、交货日期：**2023年01月18日**。

四、交货地点：**合肥市庐阳区长江中路355号**。

五、结算方式：**转账支票，付款时间：2023年3月31日**。

六、发运方式及费用承担：**公路运输，相关费用由供货方承担**。

七、其　他：**附赠5个照明灯ZMD-963；存在商品质量及溢余等情况，经双方协商，另行解决**。

八、违约条款：违约方须赔偿对方一切经济损失。但遇天灾人祸或其他人力不能控制之因素而导致延误交货，需方不能要求供方赔偿任何损失。

九、合同纠纷解决方式：经双方协商解决，如协商不成的，可向当地仲裁委员会提出申诉解决。

十、本合同一式两份，双方各执一份，自签订之日起生效。

供货方　（盖章）　　　　　　　　　　　购买方　（盖章）

税　号：913401043538369886　　　　　　税　号：913401092876591456

开户银行：中国工商银行合肥市蜀山支行　　开户银行：交通银行合肥市长江路支行

银行账号：6754465534320137819　　　　　银行账号：3324844655783652598

地　址：合肥市蜀山区临江东路186号　　　地　址：合肥市庐阳区长江中路355号

法定代表：刘晓露　　　　　　　　　　　法定代表：王翔

联系电话：0551-74859656　　　　　　　　联系电话：0551-99878897

图 1-99　【业务三十九】原始凭证 1

图 1-100 【业务三十九】原始凭证 2

图 1-101 【业务三十九】原始凭证 3

【业务四十】 18日，根据合同cg0107向金鑫配件采购的商品存在质量问题，经协商，达成一致处理意见。取得相关凭证如图1-103～图1-105所示。

1

受赠商品处理报告表

2023 年 *01* 月 *18* 日

供货方	金鑫家电配件制造有限公司			购买方	合肥飞翔电器销售公司		
地　址	合肥市蜀山区临江东路186号			地　址	合肥市庐阳区长江中路355号		
电　话	0551-74859656			电　话	0551-99878897		

编号	赠品名称	赠品规格	计量单位	赠品数量	购货/受赠合同编号	入库单号
1	照明灯	ZMD-963	个	5	cg0113	c011801

财务部门建议处理意见：	赠品与购入的同类商品按商品数量均摊入库成本
单位主管部门批复处理意见：	同意

部门负责人：（略）	审批人：（略）	制单人：（略）

（业务联）

图 1-102　【业务三十九】原始凭证 4

商品质量问题处理协议书

甲方（供货方）：金鑫家电配件制造有限公司

乙方（购买方）：合肥飞翔电器销售公司

　　甲、乙双方与 2023 年 1 月 9 日签订购销合同 cg0107，约定由甲方向乙方提供商品触摸开关 CMK-956，由于甲方提供的商品中有 400 只与乙方的具体要求有偏差，且存在一定的质量问题。为妥善处理甲乙双方之间存在的争议，减少双方因此产生的损失。根据诚实信用、公平互助的原则，经甲乙双方充分友好协商，达成以下共识：

　　一、乙方于签订协议当日退还该批商品。

　　二、乙方不得要求甲方根据购销合同 cg0107 的规定重新提供该批商品。

　　三、甲方收到退还商品后，不得要求乙方支付已退还商品的货款、税款，以及与该商品相关的运杂费、装卸费等其他费用。

　　四、双方不得因本事件要求对方给予任何形式的赔偿。

　　五、如本协议无效或被撤销，则甲方仍继续按原合同及其他法律文件履行义务。

　　六、本协议经甲、乙双方加盖公章并由双方法定代表人或由法定代表人授权的代理人签字后生效。

　　七、本协议未尽事宜，遵照国家有关法律、法规和规章办理。

　　八、本协议一式两份，甲、乙双方各执一份，具同等法律效力。

甲方：金鑫家电配件　　　　　　　乙方：合肥飞翔电器
（签章）制造有限公司　　　　　　（签章）销售公司

授权代理人　　　　　　　　　　　授权代理人
（签字）：　侯宝峰　　　　　　　（签字）：　杨钱

签订时间：　2023 年 01 月 18 日

图 1-103　【业务四十】原始凭证 1

图 1-104 【业务四十】原始凭证 2

图 1-105 【业务四十】原始凭证 3

【业务四十一】 19日,收到金鑫配件根据合同 cg0110 发来的货物与增值税专用发票,验收中发现部分商品已破损。取得相关凭证如图 1-106~图 1-109 所示。

图 1-106　【业务四十一】原始凭证 1

图 1-107　【业务四十一】原始凭证 2

采购/销售损耗处理报告表

2023 年 01 月 19 日

供货方	金鑫家电配件制造有限公司			购买方	合肥飞翔电器销售公司	
地 址	合肥市蜀山区临江东路186号			地 址	合肥市庐阳区长江中路355号	
电 话	0551-74859656			电 话	0551-99878897	
编号	商 品 名 称	商品规格	单位	损耗数量(益出+/损耗-)	损 耗 原 因	
1	遥控开关	KZB-152	个	-10	途中合理损耗	
财务部门建议处理意见:		按实际入库数量重新分配采购成本				
单位主管部门批复处理意见:		同意				

部门负责人：（略）　　　　审核人：（略）　　　　制单人：（略）

图 1-108 【业务四十一】原始凭证 3

货 物 拒 收 单

2023 年 01 月 19 日

交来单位或部门	金鑫家电配件制造有限公司		采购单号	cg0110	
验收仓库	配件库		验收日期	2023.01.19	
编号	名称及规格	单位	到货	实收	拒收
1	遥控开关KZB-152	个	400	390	10
合计			400	390	10
拒收原因	商品已破损				

主管：（略）　　　　验收人员：（略）　　　　供货人员：（略）

图 1-109 【业务四十一】原始凭证 4

　　【业务四十二】 19 日，根据合同 xs0104，向广聚源家电开具增值税专用发票。取得相关凭证如图 1-110 所示。

　　【业务四十三】 20 日，采购部杨钱与金鑫配件签订购销合同（合同编号 cg0114）。取得相关凭证如图 1-111 所示。

业务四十二

业务四十三

图 1-110 【业务四十二】原始凭证

购销合同

供货方: 金鑫家电配件制造有限公司   合同号: cg0114

购买方: 合肥飞翔电器销售公司   签订日期: 2023年01月20日

为保护买卖双方的合法权益, 买卖双方根据《中华人民共和国合同法》的有关规定, 经友好协商, 一致同意签订本合同并共同遵守。

一、商品的名称、数量及金额

商品名称	规格型号	计量单位	数量	单价（不含税）	金额（不含税）	税率	税额
照明灯	ZMD-963	个	200	200.00	40000.00	13%	5200.00
合 计			200	—	￥40000.00	—	￥5200.00

货款总计（大写）：肆万伍仟贰佰圆整   （小写）：￥45200.00

二、质量验收标准：按国家行业标准执行。

三、交货日期：2023年01月27日。

四、交货地点：合肥市蜀山区临江东路186号。

五、结算方式：转账支票，付款时间：2023年3月31日。

六、发运方式及费用承担：买方自提，相关费用由购买方承担。

七、其 他：存在商品质量及溢余等情况，经双方协商，另行解决。

八、违约条款：违约方须赔偿对方一切经济损失。但遇天灾人祸或其他人力不能控制之因素而导致延误交货，需方不能要求供方赔偿任何损失。

九、合同纠纷解决方式：经双方协商解决，如协商不成的，可向当地仲裁委员会提出申诉解决。

十、本合同一式两份，双方各执一份，自签订之日起生效。

供货方 （盖章）	购买方 （盖章）
税 号：913401043538369886	税 号：913401092876591456
开户银行：中国工商银行合肥市蜀山支行	开户银行：交通银行合肥市长江路支行
银行账号：6754465534320137819	银行账号：3324844655783652598
地 址：合肥市蜀山区临江东路186号	地 址：合肥市庐阳区长江中路355号
法定代表：刘晓露	法定代表：王翔
联系电话：0551-74859656	联系电话：0551-99878897

图 1-111 【业务四十三】原始凭证

【业务四十四】 20日，销售部吴方与惠光电器签订委托代销合同（合同编号 wt0104）。取得相关凭证如图 1–112、图 1–113 所示。

委托代销合同

委托方：合肥飞翔电器销售公司			合同号：	wt0104			
受托方：合肥惠光电器经销部			签订日期：	2023年01月20日			

为保护买卖双方的合法权益，买卖双方根据《中华人民共和国合同法》的有关规定，经友好协商，一致同意签订本合同并共同遵守。

一、商品的名称、数量及金额

商品名称	规格型号	计量单位	数量	单价（不含税）	金额（不含税）	税率	税额
立柜式空调	LGS-726	台	60	7200.00	432000.00	13%	56160.00
合计			60	—	￥432000.00	—	￥56160.00

货款总计（大写）：肆拾捌万捌仟壹佰陆拾圆整　　　　　　　　（小写）：￥488160.00

二、质量验收标准：按国家行业标准执行。

三、委托代销方式：双方约定，受托方以销货款（不含增值税）的10%收取手续费。

四、交货日期：2023年01月20日。

五、交货地点：合肥市庐阳区长江中路355号。

六、结算方式：转账支票，每月月底结算一次。

七、发运方式及费用承担：买方自提，相关费用由购买方承担。

八、其　他：4月30日前未销售完成的商品可退回给委托方。

九、违约条款：违约方须赔偿对方一切经济损失。但遇天灾人祸或其他人力不能控制之因素而导致延误交货，需方不能要求供方赔偿任何损失。

十、合同纠纷解决方式：经双方协商解决，如协商不成的，可向当地仲裁委员会提出申诉解决。

十一、本合同一式两份，双方各执一份，自签订之日起生效。

委托方　（盖章）	受托方　（盖章）
税号：913401092876591456	税号：913401080947886556
开户银行：交通银行合肥市长江路支行	开户银行：中国建设银行合肥市瑶海支行
银行账号：3324844655783652598	银行账号：8724465781011441047
地址：合肥市庐阳区长江中路355号	地址：合肥市瑶海区站前路645号
法定代表：王翔	法定代表：刘晓燕
联系电话：0551-99878897	联系电话：0551-36953575

图 1–112 【业务四十四】原始凭证 1

【业务四十五】 21日，销售部郑想与美乐家电签订购销合同（合同编号 xs0109）。销售金鑫配件委托本单位代销的压缩机 WDQ–365（代销合同编号 wt0103），收取款项使用现结功能处理。取得相关凭证如图 1–114～图 1–117 所示。

出 库 单

出货单位：合肥飞翔电器销售公司　　　　　2023 年 01 月 20 日　　　　　单号：x012001

提货单位或领货部门	合肥惠光电器经销部		销售单号	wt0104	发出仓库	商品库	出库日期	2023年01月20日
编 号	名称及规格	单位	数 量		单 价	金 额		
			应 发	实 发				
1	立柜式空调LGS-726	台	60	60				
合计			60	60	—			

部门经理：（略）　　　　会计：（略）　　　　仓库：（略）　　　　经办人：（略）

图 1-113 【业务四十四】原始凭证 2

购销合同

供货方：**合肥飞翔电器销售公司**　　　　合同号：**xs0109**

购买方：**合肥美乐家电经营部**　　　　签订日期：**2023年01月21日**

为保护买卖双方的合法权益，买卖双方根据《中华人民共和国合同法》的有关规定，经友好协商，一致同意签订本合同并共同遵守。

一、商品的名称、数量及金额

商品名称	规格型号	计量单位	数量	单价(不含税)	金额(不含税)	税率	税 额
压缩机	WDQ-365	台	100	2200.00	220000.00	13%	28600.00
合　　　计			100	—	￥220000.00	—	￥28600.00

货款总计（大写）：**贰拾肆万捌仟陆佰圆整**　　　　（小写）：**￥248600.00**

二、质量验收标准：按国家行业标准执行。

三、交货日期：**2023年01月21日**。

四、交货地点：**合肥市庐阳区长江中路355号**。

五、结算方式：**转账支票，付款时间：2023年01月21日**。

六、发运方式及费用承担：**买方自提，相关费用由购买方承担**。

七、其　　他：**存在商品质量及溢余等情况，经双方协商，另行解决**。

八、违约条款：违约方须赔偿对方一切经济损失。但遇天灾人祸或其他人力不能控制之因素而导致延误交货，需方不能要求供方赔偿任何损失。

九、合同纠纷解决方式：经双方协商解决，如协商不成的，可向当地仲裁委员会提出申诉解决。

十、本合同一式两份，双方各执一份，自签订之日起生效。

供货方 （盖章）	购买方 （盖章）
税　号：**913401092876591456**	税　号：**913401059775797356**
开户银行：**交通银行合肥市长江路支行**	开户银行：**中国农业银行合肥市庐阳支行**
银行账号：**3324844655783652598**	银行账号：**8521329867347778789**
地　址：**合肥市庐阳区长江中路355号**	地　址：**合肥市庐阳区长江中路426号**
法定代表：**王翔**	法定代表：**何世铭**
联系电话：**0551-99878897**	联系电话：**0551-58256566**

图 1-114 【业务四十五】原始凭证 1

1

安徽增值税专用发票

3401093802   №76626807   3401093802
76626807

此联不作报销、扣税凭证使用

开票日期：2023年01月21日

购买方		
名　称：	合肥美乐家电经营部	
纳税人识别号：	913401059775797356	
地址、电话：	合肥市庐阳区长江中路426号，0551-58256566	
开户行及账号：	中国农业银行合肥市庐阳支行，8521329867347778789	

密码区：
48*7*)+-2/3-65745<14539458<3844530481<194
9875/3750384<1948*7*)+-2//51948*7*)55445
45987>8574<194561948*7*)7-7<8*873/+<424
57913-30011521948*7*)<191948*7*)<142)8-

第一联：记账联 销售方记账凭证

货物或应税劳务、服务名称	规格型号	单位	数量	单价	金　额	税率	税　额
*气体压缩机*压缩机	WDQ-365	台	100	2200.00	220000.00	13%	28600.00
合　　计					￥220000.00		￥28600.00

价税合计（大写）　⊗ 贰拾肆万捌仟陆佰圆整　　（小写）￥248600.00

销售方		
名　称：	合肥飞翔电器销售公司	
纳税人识别号：	913401092876591456	
地址、电话：	合肥市庐阳区长江中路355号，0551-99878897	
开户行及账号：	交通银行合肥市长江路支行，3324844655783652598	

备注

合肥飞翔电器销售公司
913401092876591456
发票专用章

收款人：（略）　复核：（略）　开票人：（略）　销售方：（章）

图 1-115　【业务四十五】原始凭证 2

交通银行　进账单　（收账通知）

3

2023 年 01 月 21 日

出票人	全　称	合肥美乐家电经营部	收款人	全　称	合肥飞翔电器销售公司
	账　号	8521329867347778789		账　号	3324844655783652598
	开户银行	中国农业银行合肥市庐阳支行		开户银行	交通银行合肥市长江路支行

金额	人民币（大写）	贰拾肆万捌仟陆佰圆整	亿	千	百	十	万	千	百	十	元	角	分
					￥	2	4	8	6	0	0	0	0

票据种类	转账支票	票据张数	1
票据号码	99307242		

交通银行合肥市长江路支行
2023.01.21
转讫

此联是收款人开户银行交给收款人的收账通知

复核（略）　记账（略）　　　　收款人开户银行签章

图 1-116　【业务四十五】原始凭证 3

出 库 单

出货单位：合肥飞翔电器销售公司			2023 年 01 月 21 日			单号：*x012101*	

| 提货单位或领货部门 | 合肥美乐家电经营部 | | 销售单号 | 76626807 | 发出仓库 | 代销库 | 出库日期 | 2023年01月21日 |

编 号	名称及规格	单位	数量 应发	数量 实发	单 价	金 额
1	压缩机WDQ-365	台	100	100		
	合计		100	100	—	

部门经理：（略）　　会计：（略）　　仓库：（略）　　经办人：（略）

图 1-117 【业务四十五】原始凭证 4

业务四十六

【业务四十六】 21 日，向天鹅家电发出合同 xs0106 规定的货物，并开具增值税专用发票。取得相关凭证如图 1-118、图 1-119 所示。

图 1-118 【业务四十六】原始凭证 1

业务四十七

【业务四十七】 22 日，根据合同 cg0111 的规定，支付货款。取得相关凭证如图1-120、图 1-121 所示。

出　库　单

出货单位：合肥飞翔电器销售公司　　　　2023 年 01 月 21 日　　　　单号：x012102

提货单位或领货部门	合肥天鹅家电经营部		销售单号	76626808	发出仓库	商品库	出库日期	2023年01月21日	
编　号	名称及规格	单位	数　量		单价	金　额	
			应 发	实 发			
1	多开门冰箱BFD-600	台	90	90			
	合计		90	90	—		

部门经理：（略）　　　会计：（略）　　　仓库：（略）　　　经办人：（略）

图 1－119　【业务四十六】原始凭证 2

付　款　审　批　单

2023 年　　01 月　　22 日

收款单位	海信容声冰箱有限公司	申请部门	采购部
开 户 行	中国农业银行佛山市顺德支行	经手人	杨钱
账　号	12233248573657779980	付款方式	电汇
付款用途	支付合同cg0111规定的购货款。		
付款金额	人民币（大写）　壹拾伍万玖仟捌佰肆拾圆整	小写	￥159840.00
总经理	财务负责人	部门负责人	出纳
王翔	张国	杨钱	周冲

会计主管：（略）　　审核：（略）　　　出纳：（略）　　　制单：（略）

图 1－120　【业务四十七】原始凭证 1

【业务四十八】　22 日，根据合同 xs0106 销售给天鹅家电的多开门冰箱 BFD－600 存在一定的质量问题，经协商，双方达成一致意见。取得相关凭证如图 1－122～图 1－124 所示。

业务四十八

交通银行 银行电汇凭证（回单）

委托日期 2023 年 01 月 22 日　　　　　No. 25545154

汇款人	全　称	合肥飞翔电器销售公司	收款人	全　称	海信容声冰箱有限公司
	账　号	3324844655783652598		账　号	1223324857365779980
	汇出地点	安徽省 合肥 市/县		汇入地点	广东省 佛山 市/县
	汇出行名称	交通银行合肥市长江路支行		汇入行名称	中国农业银行佛山市顺德支行

金额 人民币（大写）壹拾伍万玖仟捌佰肆拾圆整　　　亿千百十万千百十元角分 ￥1 5 9 8 4 0 0 0

支付密码

附加信息及用途：
支付合同cg0111规定的购货款。

交通银行合肥市长江路支行
2023.01.22
转讫

汇出行签章

此联汇出行给汇款人的回单

图 1-121 【业务四十七】原始凭证 2

商品质量问题处理协议书

甲方（供货方）：合肥飞翔电器销售公司

乙方（购买方）：合肥天鹅家电经营部

甲、乙双方与 2023 年 1 月 16 日签订购销合同 xs0106，约定由甲方向乙方提供商品多开门冰箱 BFD-600，由于甲方提供的商品与乙方的具体要求有偏差，且存在一定的质量问题。为妥善处理甲乙双方之间存在的争议，减少双方因此产生的损失。根据诚实信用、公平互助的原则，经甲乙双方充分友好协商，达成以下共识：

一、甲方给予乙方商品货款10%的销售折让。

二、乙方与签订协议当日，根据购销合同 xs0106 的规定，立即支付折让后的价税款￥329508.00。

三、双方不得因本事件要求对方给予任何形式的赔偿。

四、如本协议无效或被撤销，则甲方仍继续按原合同及其他法律文件履行义务。

五、本协议经甲、乙双方加盖公章并由双方法定代表人或由法定代表人授权的代理人签字后生效。

六、本协议未尽事宜，遵照国家有关法律、法规和规章办理。

七、本协议一式两份，甲、乙双方各执一份，具同等法律效力。

甲方：合肥飞翔电器　　　　　　　乙方：合肥天鹅家电
（签章）销售公司　　　　　　　　（签章）经营部

授权代理人　　　　　　　　　　　授权代理人
（签字）：　陈思　　　　　　　　（签字）：　方慶朱

签订时间：　2023 年 01 月 22 日

图 1-122 【业务四十八】原始凭证 1

1

图 1-123 【业务四十八】原始凭证 2

图 1-124 【业务四十八】原始凭证 3

1

【业务四十九】　23日,根据合同cg0111向容声冰箱采购的多开门冰箱BFD-600,部分存在质量问题,经协商,达成一致处理意见,款项收回不使用现付功能处理。取得相关凭证如图1-125～图1-128所示。

商品质量问题处理协议书

甲方（供货方）：海信容声冰箱有限公司

乙方（购买方）：合肥飞翔电器销售公司

　　甲、乙双方与2023年1月13日签订购销合同cg0111,约定由甲方向乙方提供商品多开门冰箱BFD-600,由于甲方提供的商品中有10台与乙方的具体要求有偏差,且存在一定的质量问题。为妥善处理甲乙双方之间存在的争议,减少双方因此产生的损失。根据诚实信用、公平互助的原则,经甲乙双方充分友好协商,达成以下共识:

　　一、乙方于签订协议当日退还该批商品。

　　二、乙方不得要求甲方根据购销合同cg0111的规定重新提供该批商品。

　　三、甲方于签订协议当日退还乙方1月22日根据合同规定实际支付的价税款￥26640.00。

　　四、双方不得因本事件要求对方给予任何形式的赔偿。

　　五、如本协议无效或被撤销,则甲方仍继续按原合同及其他法律文件履行义务。

　　六、本协议经甲、乙双方加盖公章并由双方法定代表人或由法定代表人授权的代理人签字后生效。

　　七、本协议未尽事宜,遵照国家有关法律、法规和规章办理。

　　八、本协议一式两份,甲、乙双方各执一份,具同等法律效力。

甲方：海信容声冰箱　　　　　　乙方：合肥飞翔电器
（签章）有限公司　　　　　　　（签章）销售公司

授权代理人　　　　　　　　　　授权代理人
（签字）：　程国荣　　　　　　（签字）：　杨钱

　　　　　　　　　　　　　　　签订时间：　2023年01月23日

图1-125　【业务四十九】原始凭证1

1

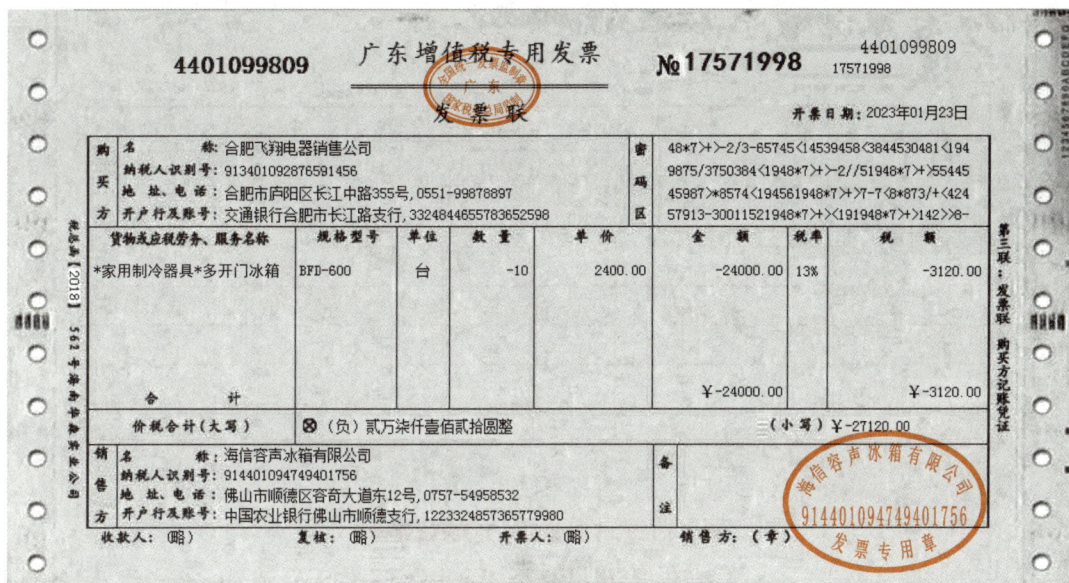

图 1 - 126　【业务四十九】原始凭证 2

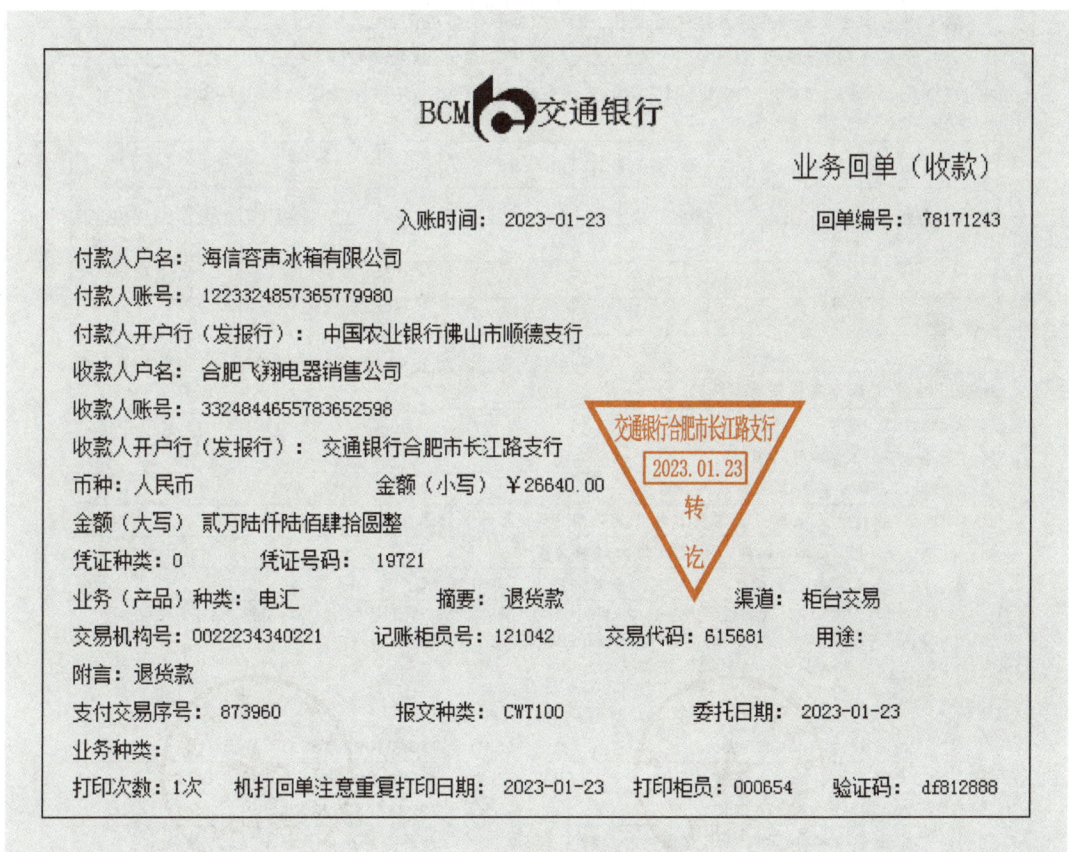

图 1 - 127　【业务四十九】原始凭证 3

【业务五十】　23 日,采购部杨钱与海尔洗衣机签订购销合同(合同编号 cg0115)(申请开具的银行承兑汇票不考虑承兑手续费)。取得相关凭证如图 1 - 129～图 1 - 133 所示。

业务五十

1

入 库 单

2023 年 01 月 23 日

单号 c012301

交来单位及部门	海信容声冰箱有限公司		发票号码或生产单号码	17571998		验收仓库	商品库	入库日期	2023年01月23日

编号	名称及规格	单位	数量 交库	数量 实收	单价	金额	备注
1	多开门冰箱BFD-600	台	-10	-10			
	合　计		-10	-10	—	—	—

部门经理：（略）　　　会计：（略）　　　仓库：（略）　　　经办人：（略）

会计联

图 1-128 【业务四十九】原始凭证 4

购销合同

供货方：青岛海尔集团洗衣机有限公司　　　合同号：cg0115

购买方：合肥飞翔电器销售公司　　　签订日期：2023年01月23日

为保护买卖双方的合法权益，买卖双方根据《中华人民共和国合同法》的有关规定，经友好协商，一致同意签订本合同并共同遵守。

一、商品的名称、数量及金额

商品名称	规格型号	计量单位	数量	单价（不含税）	金额（不含税）	税率	税额
滚筒洗衣机	MDR-715	台	50	1600.00	80000.00	13%	10400.00
合　计			50	—	￥80000.00	—	￥10400.00

货款总计（大写）：玖万零肆佰圆整　　　　　　　　　　（小写）：￥90400.00

二、质量验收标准：按国家行业标准执行。

三、交货日期：2023年01月23日。

四、交货地点：合肥市庐阳区长江中路355号。

五、结算方式：银行承兑汇票，收到发票时开具期限为3个月的银行承兑汇票抵付该笔货款。

六、发运方式及费用承担：公路运输，相关费用由供货方承担。

七、其　他：存在商品质量及溢余等情况，经双方协商，另行解决。

八、违约条款：违约方须赔偿对方一切经济损失。但遇天灾人祸或其他人力不能控制之因素而导致延误交货，需方不能要求供方赔偿任何损失。

九、合同纠纷解决方式：经双方协商解决，如协商不成的，可向当地仲裁委员会提出申诉解决。

十、本合同一式两份，双方各执一份，自签订之日起生效。

供货方 （盖章）	购买方 （盖章）
税　号：913702172165060546	税　号：913401092876591456
开户银行：中国工商银行青岛市海尔支行	开户银行：交通银行合肥市长江路支行
银行账号：758592405968 7263343	银行账号：3324844655783652598
地　址：青岛市海尔路1号海尔工业园创牌大楼	地　址：合肥市庐阳区长江中路355号
法定代表：徐慧华	法定代表：王翔
联系电话：0532-78694532	联系电话：0551-99878897

图 1-129 【业务五十】原始凭证 1

3702175995	山东增值税专用发票	№ 47253711	3702175995 47253711

开票日期：2023年01月23日

购买方	名　称：合肥飞翔电器销售公司 纳税人识别号：913401092876591456 地　址、电话：合肥市庐阳区长江中路355号，0551-99878897 开户行及账号：交通银行合肥市长江路支行，3324844655783652598	密码区	48*7>+-2/3-65745<14539458<3844530481<194 9875/3750384<1948*7>+-2//51948*7>+55445 45987>*8574<194561948*7>+>7-7<8*873/+<424 57913-30011521948*7>+<191948*7>+>142>8-

货物或应税劳务、服务名称	规格型号	单位	数量	单价	金额	税率	税额
*家用清洁电器具*滚筒洗衣机	MDR-715	台	50	1600.00	80000.00	13%	10400.00
合　计					￥80000.00		￥10400.00

价税合计（大写）	⊗玖万零肆佰圆整		（小写）￥90400.00

销售方	名　称：青岛海尔集团洗衣机有限公司 纳税人识别号：913702172165060546 地　址、电话：青岛市海尔路1号海尔工业园创牌大楼，0532-78694532 开户行及账号：中国工商银行青岛市海尔支行，7585924059687263343	备注	青岛海尔集团洗衣机有限公司 913702172165060546 发票专用章

收款人：（略）　　复核：（略）　　开票人：（略）　　销售方：（章）

图 1-130 【业务五十】原始凭证 2

付 款 审 批 单

2023 年 01 月 23 日

收款单位	青岛海尔集团洗衣机有限公司	申请部门	采购部
开户行	中国工商银行青岛市海尔支行	经手人	杨钱
账　号	7585924059687263343	付款方式	银行承兑汇票
付款用途	支付合同cg0115规定的购货款。		
付款金额	人民币（大写）玖万零肆佰圆整	小写	￥90400.00

总经理	财务负责人	部门负责人	出纳
王翔	张固	杨钱	周冲

会计主管：（略）　　审核：（略）　　出纳：（略）　　制单：（略）

图 1-131 【业务五十】原始凭证 3

1

银行承兑汇票（存根）   10203756
                                        13403296

3

出票日期（大写）	贰零贰叁年　零壹月　贰拾叁日				

出票人全称	合肥飞翔电器销售公司	收款人	全称	青岛海尔集团洗衣机有限公司
出票人账号	3324844655783652598		账号	7585924059687263343
付款行名称	交通银行合肥市长江路支行		开户银行	中国工商银行青岛市海尔支行

出票金额	人民币（大写）	玖万零肆佰圆整		亿 千 百 十 万 千 百 十 元 角 分
				￥ 9 0 4 0 0 0 0

汇票到期日（大写）	贰零贰叁年肆月贰拾叁日	付款行	行号	7664358
承兑协议编号	334399		地址	合肥长江中路148号

密押

备注：   复核（略） 经办（略）

此联由出票人存查

图 1-132 【业务五十】原始凭证 4

入 库 单

2023 年　01 月　23 日   单号 c012302

交来单位及部门	青岛海尔集团洗衣机有限公司	发票号码或生产单号码	47253711	验收仓库	商品库	入库日期	2023年01月23日

编号	名称及规格	单位	数量		单价	金额	备注
			交库	实收			
1	滚筒洗衣机MDR-715	台	50	50			
	合　　计		50	50	—	—	—

部门经理：（略）   会计：（略）   仓库：（略）   经办人：（略）

图 1-133 【业务五十】原始凭证 5

【业务五十一】 24日，采购部杨钱与金鑫配件签订购销合同（合同编号 cg0116）。取得相关凭证如图 1-134 所示。

购销合同

供货方：金鑫家电配件制造有限公司　　合同号：cg0116

购买方：合肥飞翔电器销售公司　　签订日期：2023年01月24日

为保护买卖双方的合法权益，买卖双方根据《中华人民共和国合同法》的有关规定，经友好协商，一致同意签订本合同并共同遵守。

一、商品的名称、数量及金额

商品名称	规格型号	计量单位	数量	单价（不含税）	金额（不含税）	税率	税额
电器盒	YKK-576	件	80	695.00	55600.00	13%	7228.00
合计			80	—	￥55600.00	—	￥7228.00

货款总计（大写）：陆万贰仟捌佰贰拾捌圆整　　（小写）：￥62828.00

二、质量验收标准：按国家行业标准执行。

三、交货日期：2023年01月30日。

四、交货地点：合肥市蜀山区临江东路186号。

五、结算方式：转账支票，付款时间：2023年01月30日。

六、发运方式及费用承担：买方自提，相关费用由购买方承担。

七、其　他：存在商品质量及溢余等情况，经双方协商，另行解决。

八、违约条款：违约方须赔偿对方一切经济损失。但遇天灾人祸或其他人力不能控制之因素而导致延误交货，需方不能要求供方赔偿任何损失。

九、合同纠纷解决方式：经双方协商解决，如协商不成的，可向当地仲裁委员会提出申诉解决。

十、本合同一式两份，双方各执一份，自签订之日起生效。

供货方　（盖章）

税　号：91340104353836 9886

开户银行：中国工商银行合肥市蜀山支行

银行账号：6754465534320137819

地　址：合肥市蜀山区临江东路186号

法定代表：刘晓露

联系电话：0551-74859656

购买方　（盖章）

税　号：91340109287659 1456

开户银行：交通银行合肥市长江路支行

银行账号：3324844655783652598

地　址：合肥市庐阳区长江中路355号

法定代表：王翔

联系电话：0551-99878897

图 1-134 【业务五十一】原始凭证

1

业务五十二

【业务五十二】　24 日，根据合同 xszy01，向天马家电开具增值税专用发票，款项收取使用现结功能处理。取得相关凭证如图 1-135、图 1-136 所示。

图 1-135　【业务五十二】原始凭证 1

图 1-136　【业务五十二】原始凭证 2

【业务五十三】 25日,销售部李力与天马家电签订购销合同(合同编号 xs0110)。销售金鑫配件委托本单位代销的电机 YSH-215(合同编号 wt0101),收取款项使用现结功能处理。取得相关凭证如图 1-137~图 1-140 所示。

购销合同

供货方：合肥飞翔电器销售公司	合同号：xs0110
购买方：合肥天马家电经营部	签订日期：2023年01月25日

为保护买卖双方的合法权益,买卖双方根据《中华人民共和国合同法》的有关规定,经友好协商,一致同意签订本合同并共同遵守。

一、商品的名称、数量及金额

商品名称	规格型号	计量单位	数量	单价(不含税)	金额(不含税)	税率	税额
电机	YSH-215	台	70	900.00	63000.00	13%	8190.00
合计			70	—	￥63000.00	—	￥8190.00

货款总计(大写)：柒万壹仟壹佰玖拾圆整　　　　　　　　(小写)：￥71190.00

二、质量验收标准：按国家行业标准执行。

三、交货日期：2023年01月25日。

四、交货地点：合肥市庐阳区长江中路355号。

五、结算方式：转账支票,付款时间：2023年01月25日。

六、发运方式及费用承担：买方自提,相关费用由购买方承担。

七、其　　他：存在商品质量及溢余等情况,经双方协商,另行解决。

八、违约条款：违约方须赔偿对方一切经济损失。但遇天灾人祸或其他人力不能控制之因素而导致延误交货,需方不能要求供方赔偿任何损失。

九、合同纠纷解决方式：经双方协商解决,如协商不成的,可向当地仲裁委员会提出申诉解决。

十、本合同一式两份,双方各执一份,自签订之日起生效。

供货方 (盖章)	购买方 (盖章)
税　号：913401092876591456	税　号：913401052175510136
开户银行：交通银行合肥市长江路支行	开户银行：中国工商银行合肥市庐阳支行
银行账号：3324844655783652598	银行账号：4525621051186961363
地　址：合肥市庐阳区长江中路355号	地　址：合肥市庐阳区二环路329号
法定代表：王翔	法定代表：李海涛
联系电话：0551-99878897	联系电话：0551-57652584

图 1-137 【业务五十三】原始凭证 1

图 1－138　【业务五十三】原始凭证 2

图 1－139　【业务五十三】原始凭证 3

出 库 单

出货单位: 合肥飞翔电器销售公司　　　　　2023 年 01 月 25 日　　　　　单号: x012501

提货单位或领货部门	合肥天马家电经营部		销售单号	76626811	发出仓库	代销库	出库日期	2023年01月25日
编 号	名 称 及 规 格	单位	数 量 应发	数 量 实发	单 价		金 额	
1	电机YSH-215	台	70	70				
	合计		70	70	—			

部门经理: (略)　　　会计: (略)　　　仓库: (略)　　　经办人: (略)

图 1-140 【业务五十三】原始凭证 4

【业务五十四】 25 日, 销售部蒋芯接到三元五金的要货电话, 同时开具普通销售发票, 款项收取使用现结功能处理。取得相关凭证如图 1-141~图 1-143 所示。

业务五十四

安徽增值税普通发票

3401098986　　№96186679　　3401098986　96186679

开票日期: 2023年01月25日

购买方	名　　称: 合肥三元五金电器 销售人识别号: 地 址、电 话: 合肥市太湖路太湖苑6幢12号, 0551-47418392 开户行及账号:	密码区	48*7>+-2/3-65745<14539458<3844530481<194 9875/3750384<1948*7>+-2//51948*7>+55445 45987>8574<194561948*7>+7-7<8<873/+<424 57913-30011521948*7>+<191948*7>+142/>8-

货物或应税劳务、服务名称	规格型号	单位	数量	单价	金额	税率	税额
*电工仪器仪表*遥控开关	KZB-152	个	220	90.00	19800.00	13%	2574.00
*电工仪器仪表*温度器	DJH-982	个	300	7.00	2100.00	13%	273.00
*电工仪器仪表*触摸开关	CMK-956	只	600	46.00	27600.00	13%	3588.00
合　　计					￥49500.00		￥6435.00

价税合计(大写) ⊗伍万伍仟玖佰叁拾伍圆整　　　　　(小写) ￥55935.00

销售方	名　　称: 合肥飞翔电器销售公司 纳税人识别号: 913401092876591456 地 址、电 话: 合肥市庐阳区长江中路355号, 0551-99878897 开户行及账号: 交通银行合肥市长江路支行, 3324844655783652598	备注	合肥飞翔电器销售公司 913401092876591456 发票专用章

收款人: (略)　　　复核: (略)　　　开票人: (略)　　　销售方: (章)

第一联: 记账联 销售方记账凭证

安徽 [2018]

图 1-141 【业务五十四】原始凭证 1

1

收 款 收 据   NO. 76068572

2023 年 01 月 25 日

今 收 到：合肥三元五金电器

交　　来：遥控开关KZB-152、触摸开关CMK-956、温度器DJH-982货款　　　**现金收讫**

金额（大写）　零拾 伍万 伍仟 玖佰 叁拾 伍元 零角 零分

￥ 55935.00　　☑现金　□支票　□信用卡□其他　　收款单位（盖章）

核准 **（略）**　　会计 **（略）**　　记账 **（略）**　　出纳 **（略）**　　经手人 **（略）**

第三联交财务

图 1-142 【业务五十四】原始凭证 2

出 库 单

出货单位：合肥飞翔电器销售公司　　2023 年 01 月 25 日　　单号：x012502

提货单位或领货部门	合肥三元五金电器	销售单号	96186679	发出仓库	配件库	出库日期	2023年01月25日
编 号	名称及规格	单位	数量 应发	数量 实发	单 价	金 额	
1	遥控开关KZB-152	个	220	220			
2	温度器DJH-982	个	300	300			
3	触摸开关CMK-956	只	600	600			
	合计		1120	1120	—		

会计联

部门经理：（略）　　会计：（略）　　仓库：（略）　　经办人：（略）

图 1-143 【业务五十四】原始凭证 3

【业务五十五】 26 日，销售部陈思与天鹅家电签订购销合同（合同编号 xs0111），款项支付与收取不使用现结功能处理。取得相关凭证如图 1-144～图 1-150 所示。

购销合同

供货方：合肥飞翔电器销售公司　　　　合同号：xs0111

购买方：合肥天鹅家电经营部　　　　　签订日期：2023年01月26日

为保护买卖双方的合法权益，买卖双方根据《中华人民共和国合同法》的有关规定，经友好协商，一致同意签订本合同并共同遵守。

一、商品的名称、数量及金额

商品名称	规格型号	计量单位	数量	单价（不含税）	金额（不含税）	税率	税额
电器盒	YKK-576	件	180	1100.00	198000.00	13%	25740.00
合　　计			180	—	¥198000.00	—	¥25740.00

货款总计（大写）：贰拾贰万叁仟柒佰肆拾圆整　　　　　　（小写）：¥223740.00

二、质量验收标准：按国家行业标准执行。

三、交货日期：2023年01月26日。

四、交货地点：合肥市经济技术开发区玉屏路189号。

五、结算方式：转账支票，付款时间：2023年01月26日。

六、发运方式及费用承担：公路运输，供货方代垫运输费用，代垫款项随同商品货款一并结清。

七、其　　他：存在商品质量及溢余等情况，经双方协商，另行解决。

八、违约条款：违约方须赔偿对方一切经济损失。但遇天灾人祸或其他人力不能控制之因素而导致延误交货，需方不能要求供方赔偿任何损失。

九、合同纠纷解决方式：经双方协商解决，如协商不成的，可向当地仲裁委员会提出申诉解决。

十、本合同一式两份，双方各执一份，自签订之日起生效。

供货方　（盖章）

税　号：91340109287659**1456

开户银行：交通银行合肥市长江路支行

银行账号：332484465578365**2598

地　址：合肥市庐阳区长江中路355号

法定代表：王翔

联系电话：0551-99878897

购买方　（盖章）

税　号：913401006694669186

开户银行：中信银行合肥市瑶海支行

银行账号：710333453912002**1934

地　址：合肥市经济技术开发区玉屏路189号

法定代表：熊义辉

联系电话：0551-74940175

图 1-144　【业务五十五】原始凭证 1

图 1-145　【业务五十五】原始凭证 2

安徽增值税专用发票

3401096213　　№76626812　　3401096213　76626812

此联不作报销、抵扣税凭证使用

开票日期：2023年01月26日

购买方	名称	合肥天鹅家电经营部
	纳税人识别号	913401006694669186
	地址、电话	合肥市经济技术开发区玉屏路189号，0551-74940175
	开户行及账号	中信银行合肥市瑶海支行，7103334539120021934

密码区：48*7)+>-2/3-65745<14539458<3844530481<1949875/3750384<1948*7)+>-2//51948*7)+>55445 45987>8574<194561948*7)+>7-7<8<873/+<424 57913-30011521948*7)+><191948*7)+>142)>8-

货物或应税劳务、服务名称	规格型号	单位	数量	单价	金额	税率	税额
*家用电器配件*电器盒	YKK-576	件	180	1100.00	198000.00	13%	25740.00
合　　计					¥198000.00		¥25740.00

价税合计（大写）⊗贰拾贰万叁仟柒佰肆拾圆整　　（小写）¥223740.00

销售方	名称	合肥飞翔电器销售公司
	纳税人识别号	913401092876591456
	地址、电话	合肥市庐阳区长江中路355号，0551-99878897
	开户行及账号	交通银行合肥市长江路支行，3324844655783652598

收款人：（略）　复核：（略）　开票人：（略）　销售方：（章）

图 1-146　【业务五十五】原始凭证 3

安徽增值税专用发票

3401102359　　№34009670　　3401102359　34009670

发票联

开票日期：2023年01月26日

购买方	名称	合肥天鹅家电经营部
	纳税人识别号	913401006694669186
	地址、电话	合肥市经济技术开发区玉屏路189号，0551-74940175
	开户行及账号	中信银行合肥市瑶海支行，7103334539120021934

密码区：48*7)+>-2/3-65745<14539458<3844530481<1949875/3750384<1948*7)+>-2//51948*7)+>55445 45987>8574<194561948*7)+>7-7<8<873/+<424 57913-30011521948*7)+><191948*7)+>142)>8-

货物或应税劳务、服务名称	规格型号	单位	数量	单价	金额	税率	税额
*运输服务*运输费用		公里	20	40.00	800.00	9%	72.00
合　　计					¥800.00		¥72.00

价税合计（大写）⊗捌佰柒拾贰圆整　　（小写）¥872.00

销售方	名称	合肥路路通快递有限责任公司
	纳税人识别号	913401103965602556
	地址、电话	合肥市包河区东流路176号，0551-62999666
	开户行及账号	中国建设银行合肥市东流支行，4321055698762100122

备注：车辆：东风小货车-DFD1538-SS01GF　车号：皖A5S89Z　起运地：合肥市庐阳区长江中路355号　到达地：合肥市经济技术开发区玉屏路189号

收款人：（略）　复核：（略）　开票人：（略）　销售方：（章）

出 库 单

出货单位：合肥飞翔电器销售公司 　　2023 年 01 月 26 日 　　单号：x012601

提货单位或领货部门	合肥天鹅家电经营部		销售单号	76626812		发出仓库	配件库	出库日期	2023年01月26日
编 号	名称及规格		单位	数　量		单 价	金 额		
				应 发	实 发				
1	电器盒YKK-576		件	180	180				
	合计			180	180	—			

部门经理：（略）　　　会计：（略）　　　仓库：（略）　　　经办人：（略）

会计联

图 1-147 【业务五十五】原始凭证 4

付 款 审 批 单

2023 年 01 月 26 日

收款单位	合肥路路通快递有限责任公司		申请部门	销售部
开户行	中国建设银行合肥市东流支行		经手人	陈思
账 号	4321055698762100122		付款方式	转账支票
付款用途	代垫商品电器盒YKK-576的运输费用。			
付款金额	人民币(大写)	捌佰柒拾贰圆整	小写	￥872.00
总经理	财务负责人	部门负责人		出纳
王翔	张国	李力		周冲

会计主管：（略）　　审核：（略）　　　出纳：（略）　　　制单：（略）

图 1-148 【业务五十五】原始凭证 5

1

交通银行
转账支票存根
30103427
20289805

附加信息

出票日期 *2023* 年 *01* 月 *26* 日

收款人：*合肥路路通快递有限责任公司*

金额：*￥872.00*

用途：*支付运输费用*

单位主管（略）会计（略）

图 1-149 【业务五十五】原始凭证 6

【业务五十六】 27 日，收到金鑫配件根据合同 cg0114 发来的货物与增值税专用发票，验收中发现部分商品已破损，经协商达成一致意见。取得相关凭证如图 1-151～图 1-154 所示。

【业务五十七】 27 日，根据合同 xs0107 的规定，向七彩电器发出商品并开具增值税专用发票，款项收回使用现结功能处理。取得相关凭证如图 1-155～图 1-157 所示。

【业务五十八】 28 日，收到广聚源家电发来的转账支票，支付合同 xs0104 规定的货款。取得相关凭证如图 1-158 所示。

【业务五十九】 28 日，根据合同 xs0107 向七彩电器发出的遥控开关 KZB-152，有部分存在质量问题，经协商办理退换货手续。取得相关凭证如图 1-159、图 1-160 所示。

交通银行 进账单 （收账通知）

2023 年 01 月 26 日

3

出票人	全称	合肥天鹅家电经营部	收款人	全称	合肥飞翔电器销售公司
	账号	7103334539120021934		账号	3324844655783652598
	开户银行	中信银行合肥市瑶海支行		开户银行	交通银行合肥市长江路支行

金额 人民币（大写） 贰拾贰万肆仟陆佰壹拾贰圆贰圆整　　￥2246 1200

票据种类	转账支票	票据张数	1
票据号码	34535633		

交通银行合肥市长江路支行 2023.01.26 转讫

复核（略） 记账（略）

收款人开户银行签章

此联是收款人开户银行交给收款人的收账通知

图 1-150 【业务五十五】原始凭证 7

3401048760

安徽增值税专用发票

№87703035

3401048760
87703035

开票日期：2023年01月27日

购买方	名称	合肥飞翔电器销售公司	密码区	48*7*)+>-2/3-65745<14539458<3844530481<194 9875/3750384<1948*7*)+>-2//51948*7*)*7>55445 45987>*8574<194561948*7*>*7-7<8*873/+<424 57913>30011521948*7*)+<191948*7>142*)6-
	纳税人识别号	91340109287659145		
	地址、电话	合肥市庐阳区长江中路355号，0551-99878897		
	开户行及账号	交通银行合肥市长江路支行，3324844655783652598		

货物或应税劳务、服务名称	规格型号	单位	数量	单价	金额	税率	税额
*电光源*照明灯	ZMD-963	个	200	200.00	40000.00	13%	5200.00
合计					￥40000.00		￥5200.00

价税合计（大写） ⊗肆万伍仟贰佰圆整　　　　（小写）￥45200.00

销售方	名称	金鑫家电配件制造有限公司	备注	
	纳税人识别号	91340104353836986		
	地址、电话	合肥市蜀山区临江东路186号，0551-74859656		
	开户行及账号	中国工商银行合肥市蜀山支行，6754486534320137819		

收款人：（略） 复核：（略） 开票人：（略） 销售方：（章）

金鑫家电配件制造有限公司 91340104353836988 发票专用章

图 1-151 【业务五十六】原始凭证 1

货物损失赔偿协议书

甲方：金鑫家电配件制造有限公司

乙方：合肥路路通快递有限责任公司

丙方：合肥飞翔电器销售公司

2023 年 1 月 20 日，甲方与丙方签订购销合同，合同规定甲方向丙方销售 200 个照明灯 ZMD-963，并于 2023 年 1 月 27 日送货至丙方所在地。

2023 年 1 月 26 日，甲方与乙方签订货物运输协议，合同规定 2023 年 1 月 27 日由乙方将 200 个照明灯 ZMD-963 运送至丙方所在地。

2023 年 1 月 27 日，乙方的汽车在运输货物时，在合肥市大同路与长江中路交叉口处，因乙方司机车速过快撞向路边护栏，造成 80 个照明灯 ZMD-963 破损无法继续使用。经合肥市交警队现场认定，乙方司机在事故中负全部责任。在此情况下，甲、乙、丙三方经协商，现就损失赔偿一事达成以下协议：

一、由乙方赔偿丙方货物损失 18080 元。

二、以上赔偿费由乙方在 2023 年 2 月 28 日之前付清，丙方无论损失多大，今后都不得因本事件再次向甲方、乙方索赔或提起诉讼。

三、本协议生效后，甲方不再补发破损的商品，丙方不得因本事件要求甲方补发破损的商品。

四、甲方原和乙方协商此次运费为 1000 元，因此事故发生，甲方不再向乙方支付此次货物运费。

五、本协议由三方在协议上签字，乙方将协议约定的赔偿款全部偿付给丙方后生效。

六、本协议一式三份，甲、乙、丙三方各执一份，具有同等法律效力。

甲方：金鑫家电配件　　　乙方：合肥路路通快递　　　丙方：合肥飞翔电器
（签章）制造有限公司　　　（签章）有限责任公司　　　（签章）销售公司

授权代理人　　　　　　　授权代理人　　　　　　　授权代理人
（签字）：张义成　　　　（签字）：王得幸　　　　（签字）：刘天存

签订时间：　2023 年 01 月 27 日

图 1-152 【业务五十六】原始凭证 2

1

入 库 单

2023 年 01 月 27 日　　　　　　　　　　　　　　　单号 **g012701**

交来单位及部门	金鑫家电配件制造有限公司		发票号码或生产单号码	87703035		验收仓库	配件库	入库日期	2023年01月27日	
编号	名称及规格		单位	数量		单价	金额	备注		会
				交库	实收					
1	照明灯ZMD-963		个	200	120					计
										联
合　计				200	120	—		—		

部门经理：（略）　　　　会计：（略）　　　　仓库：（略）　　　　经办人：（略）

图 1 - 153 【业务五十六】原始凭证 3

货 物 拒 收 单

2023 年 01 月 27 日

交来单位或部门	金鑫家电配件制造有限公司	采购单号	cg0114		
验收仓库	配件库	验收日期	2023.01.27		
编号	名称及规格	单位	数量		
			到货	实收	拒收
1	照明灯ZMD-963	个	200	120	80
合计			200	120	80
拒收原因	商品已破损				

业务联

主管：（略）　　　　验收人员：（略）　　　　供货人员：（略）

图 1 - 154 【业务五十六】原始凭证 4

图 1–155 【业务五十七】原始凭证 1

图 1–156 【业务五十七】原始凭证 2

交通银行　进账单　（收账通知）　　3

2023 年　01 月　27 日

出票人	全　称	合肥七彩电器商行	收款人	全　称	合肥飞翔电器销售公司
	账　号	2880236289520787244		账　号	3324844655783652598
	开户银行	中国农业银行合肥市庐阳支行		开户银行	交通银行合肥市长江路支行

金额	人民币（大写）	叁万零陆佰捌拾圆整	亿	千	百	十	万	千	百	十	元	角	分
							¥	3	0	6	8	0	0

票据种类	转账支票	票据张数	1
票据号码	32368479		

交通银行合肥市长江路支行
2023.01.27
转讫

复核　（略）　记账　（略）

收款人开户银行签章

此联是收款人开户银行交给收款人的收账通知

图 1-157　【业务五十七】原始凭证 3

交通银行　进账单　（收账通知）　　3

2023 年　01 月　28 日

出票人	全　称	合肥广聚源家电经销部	收款人	全　称	合肥飞翔电器销售公司
	账　号	2193045899201028802		账　号	3324844655783652598
	开户银行	中国银行合肥市蜀山支行		开户银行	交通银行合肥市长江路支行

金额	人民币（大写）	贰拾壹万叁仟壹佰贰拾圆整	亿	千	百	十	万	千	百	十	元	角	分
						¥	2	1	3	1	2	0	0

票据种类	转账支票	票据张数	1
票据号码	34482661		

交通银行合肥市长江路支行
2023.01.28
转讫

复核　（略）　记账　（略）

收款人开户银行签章

此联是收款人开户银行交给收款人的收账通知

图 1-158　【业务五十八】原始凭证

商品质量问题处理协议书

甲方（供货方）：合肥飞翔电器销售公司

乙方（购买方）：合肥七彩电器商行

甲、乙双方于2023年1月16日签订购销合同 xs0107，约定由甲方向乙方提供商品遥控开关 KZB-152，由于甲方提供的商品中有 100 个与乙方的具体要求有偏差，且存在一定的质量问题。为妥善处理甲乙双方之间存在的争议，减少双方因此产生的损失。根据诚实信用、公平互助的原则，经甲乙双方充分友好协商，达成以下共识：

一、乙方于签订协议当日退还该批商品。

二、甲方与2023年1月29日重新根据购销合同 xs0107 的相关规定，提供该批商品并运送至乙方指定地点。

三、如本协议无效或被撤销，则甲方仍继续按原合同及其他法律文件履行义务。

四、本协议经甲、乙双方加盖公章并由双方法定代表人或由法定代表人授权的代理人签字后生效。

五、本协议未尽事宜，遵照国家有关法律、法规和规章办理。

六、本协议一式两份，甲、乙双方各执一份，具同等法律效力。

甲方：合肥飞翔电器
（签章）销售公司

授权代理人
（签字）：　陈思

乙方：合肥七彩电器
（签章）商行

授权代理人
（签字）：　景平凡

签订时间：　2023 年 01 月 28 日

图 1-159　【业务五十九】原始凭证 1

【业务六十】　29 日，根据合同 xs0104 向广聚源家电销售的直筒洗衣机 MBR-702 有部分存在质量问题，经协商，本公司同意退货，款项支付不使用现结功能处理。取得相关凭证如图 1-161～图 1-165 所示。

业务六十

1

出 库 单

出货单位：合肥飞翔电器销售公司　　　2023 年 01 月 28 日　　　单号：x012801

提货单位或领货部门	合肥七彩电器商行		销售单号	76626813	发出仓库	配件库	出库日期	2023年01月28日
编号	名称及规格	单位	数量 应发	数量 实发	单价	金额		
1	遥控开关KZB-152	个	-100	-100				
	合计		-100	-100	—			

部门经理：（略）　　　会计：（略）　　　仓库：（略）　　　经办人：（略）

图 1-160　【业务五十九】原始凭证 2

商品质量问题处理协议书

甲方（供货方）：合肥飞翔电器销售公司

乙方（购买方）：合肥广聚源家电经销部

甲、乙双方于2023年1月12日签订购销合同 xs0104，约定由甲方向乙方提供商品直筒洗衣机MBR-702，由于甲方提供的商品中有 20 台与乙方的具体要求有偏差，且存在一定的质量问题。为妥善处理甲乙双方之间存在的争议，减少双方因此产生的损失。根据诚实信用、公平互助的原则，经甲乙双方充分友好协商，达成以下共识：

一、乙方于签订协议当日退还该批商品。

二、乙方不得要求甲方根据购销合同 xs0104 的规定重新提供该批商品。

三、甲方于签订协议当日退还乙方 1 月 28 日根据合同规定实际支付的价税款￥26640.00。

四、双方不得因本事件要求对方给予任何形式的赔偿。

五、如本协议无效或被撤销，则甲方仍继续按原合同及其他法律文件履行义务。

六、本协议经甲、乙双方加盖公章并由双方法定代表人或由法定代表人授权的代理人签字后生效。

七、本协议未尽事宜，遵照国家有关法律、法规和规章办理。

八、本协议一式两份，甲、乙双方各执一份，具同等法律效力。

甲方：合肥飞翔电器　　　　　　　乙方：合肥广聚源家
（签章）销售公司　　　　　　　　（签章）电经销部

授权代理人　　　　　　　　　　　授权代理人
（签字）：　陈思　　　　　　　　（签字）：　冯子桐

签订时间：　2023 年 01 月 29 日

图 1-161　【业务六十】原始凭证 1

1

安徽增值税专用发票

3401099619

№76626814

3401099619
76626814

此联不作报销、抵扣凭证使用

开票日期：2023年01月29日

购买方	名　称：合肥广聚源家电经销部	密码区	48*7)+>-2/3-65745<14539458<3844530481<194 9875/3750384<1948*7)+>-2//51948*7)+>55445 45987>*8574<194561948*7)+>7-7<8*873/+<424 57913-30011521948*7)+>>191948*7)+>142>>8-
	纳税人识别号：913401095793870836		
	地址、电话：合肥市蜀山区官亭路140号，0551-05265209		
	开户行及账号：中国银行合肥市蜀山支行，2193045899201028802		

货物或应税劳务、服务名称	规格型号	单位	数量	单价	金额	税率	税额
*家用清洁电器具*直筒洗衣机	MBR-702	台	-20	1200.00	-24000.00	13%	-3120.00
合　　计					￥-24000.00		￥-3120.00

| 价税合计（大写） | ⊗　（负）贰万柒仟壹佰贰拾圆整 | （小写）￥-27120.00 |

销售方	名　称：合肥飞翔电器销售公司	备注	合肥飞翔电器销售公司 913401092876591456 发票专用章
	纳税人识别号：913401092876591456		
	地址、电话：合肥市庐阳区长江中路355号，0551-99878897		
	开户行及账号：交通银行合肥市长江路支行，3324844655783652598		

收款人：（略）　　复核：（略）　　开票人：（略）　　销售方：（章）

图 1－162　【业务六十】原始凭证 2

付　款　审　批　单

2023 年　　01 月　　29 日

收款单位	合肥广聚源家电经销部	申请部门	销售部
开户行	中国银行合肥市蜀山支行	经手人	陈思
账　号	2193045899201028802	付款方式	转账支票
付款用途	支付退货款。		
付款金额	人民币（大写）　贰万陆仟陆佰肆拾圆整	小写	￥26640.00

总经理	财务负责人	部门负责人	出纳
王翔	张国	李力	周冲

会计主管：（略）　　审核：（略）　　出纳：（略）　　制单：（略）

图 1－163　【业务六十】原始凭证 3

图 1-164 【业务六十】原始凭证 4

图 1-165 【业务六十】原始凭证 5

【业务六十一】 29 日,向七彩电器补发 28 日退回的商品。取得相关凭证如图 1-166 所示。

【业务六十二】 30 日,采购部杨钱与美的空调签订购销合同(合同编号 cg0117)。取得相关凭证如图 1-167、图 1-168 所示。

出 库 单

出货单位：合肥飞翔电器销售公司　　　　　2023 年 01 月 29 日　　　　　单号：x012902

提货单位或领货部门	合肥七彩电器商行		销售单号	76626813	发出仓库	配件库	出库日期	2023年01月29日	
编号	名称及规格	单位	数量 应发	数量 实发	单价	金额			会
1	遥控开关KZB-152	个	100	100					计
									联
	合计		100	100	—				

部门经理：（略）　　　　会计：（略）　　　　仓库：（略）　　　　经办人：（略）

图 1－166 【业务六十一】原始凭证

购销合同

供货方：广东美的精品电器制造有限公司　　　　合同号：gg0117

购买方：合肥飞翔电器销售公司　　　　　　　签订日期：2023年01月30日

为保护买卖双方的合法权益，买卖双方根据《中华人民共和国合同法》的有关规定，经友好协商，一致同意签订本合同并共同遵守。

一、商品的名称、数量及金额

商品名称	规格型号	计量单位	数量	单价（不含税）	金额（不含税）	税率	税额
壁挂式空调	BGS-356	台	60	3800.00	228000.00	13%	29640.00
合　　计			60	—	￥228000.00	—	￥29640.00

货款总计（大写）：贰拾伍万柒仟陆佰肆拾圆整　　　　　（小写）：￥257640.00

二、质量验收标准：按国家行业标准执行。

三、交货日期：2023年01月30日。

四、交货地点：合肥市庐阳区长江中路355号。

五、结算方式：电汇，付款时间：2023年3月31日。

六、发运方式及费用承担：公路运输，相关费用由供货方承担。

七、其　他：存在商品质量及溢余等情况，经双方协商，另行解决。

八、违约条款：违约方须赔偿对方一切经济损失。但遇天灾人祸或其他人力不能控制之因素而导致延误交货，需方不能要求供方赔偿任何损失。

九、合同纠纷解决方式：经双方协商解决，如协商不成的，可向当地仲裁委员会提出申诉解决。

十、本合同一式两份，双方各执一份，自签订之日起生效。

供货方 （盖章）	购买方 （盖章）
税　号：914401005265209646	税　号：913401092876591456
开户银行：中国建设银行佛山市顺德支行	开户银行：交通银行合肥市长江路支行
银行账号：9888736356453241206	银行账号：3324844655783652598
地　址：佛山市顺德区北滘镇林港美的工业城	地　址：合肥市庐阳区长江中路355号
法定代表：傅建东	法定代表：王翔
联系电话：0757-28694526	联系电话：0551-99878897

图 1－167 【业务六十二】原始凭证 1

入　库　单

2023 年　01 月　30 日

单号 c013001

交来单位及部门	广东美的精品电器制造有限公司		发票号码或生产单号码	（无）				验收仓库	商品库	入库日期	2023年01月30日
编号	名称及规格		单位	数量		单价	金额		备注		
				交库	实收						
1	壁挂式空调BGS-356		台	60	60						
	合　　计			60	60	—			—		

部门经理：（略）　　　　会计：（略）　　　　仓库：（略）　　　　经办人：（略）

图 1-168　【业务六十二】原始凭证 2

业务六十三

【业务六十三】　30 日，收到金鑫配件根据合同 cg0116 发来的货物与增值税专用发票，另收到路路通快递发来的货物运输业增值税专用发票，款项支付使用现付功能处理。取得相关凭证如图 1-169～图 1-175 所示。

安徽增值税专用发票

3401045916　　　　　　　　　　№99351370　　3401045916　99351370

开票日期：2023年01月30日

购买方	名　称：合肥飞翔电器销售公司
	纳税人识别号：913401092876591456
	地　址、电话：合肥市庐阳区长江中路355号，0551-99878897
	开户行及账号：交通银行合肥市长江路支行，3324844655783652598

密码区：48*7）+>-2/3-65745<14539458<3844530481<1949875/3750384<1948*7）+>-2//51948*7）>55445 45987>*8574<1945611948*7>7-7<8*873/+<424 57913-30011521948*7><191948*7>142/>8-

货物或应税劳务、服务名称	规格型号	单位	数量	单价	金额	税率	税额
*家用电器配件*电器盒	YKK-576	件	80	695.00	55600.00	13%	7228.00
合　　计					￥55600.00		￥7228.00

价税合计（大写）　⊗陆万贰仟捌佰贰拾捌圆整　　　　　　（小写）￥62828.00

销售方	名　称：金鑫家电配件制造有限公司
	纳税人识别号：913401043538369886
	地　址、电话：合肥市蜀山区临江东路186号，0551-74859656
	开户行及账号：中国工商银行合肥市蜀山支行，6754465534320137819

收款人：（略）　　复核：（略）　　开票人：（略）　　销售方：（章）

第三联：发票联　购买方记账凭证

图 1-169　【业务六十三】原始凭证 1

安徽增值税专用发票

货物或应税劳务、服务名称	规格型号	单位	数量	单价	金额	税率	税额
*运输服务*运输费用		公里	20	20.00	400.00	9%	36.00
合 计					¥400.00		¥36.00

价税合计（大写）⊗肆佰叁拾陆圆整　　　　（小写）¥436.00

开票日期：2023年01月30日 №73974566 3401101782

购买方：合肥飞翔电器销售公司
纳税人识别号：913401092876591456
地址、电话：合肥市庐阳区长江中路355号，0551-99878897
开户行及账号：交通银行合肥市长江路支行，3324844655783652598

销售方：合肥路路通快递有限责任公司
纳税人识别号：913401103965602556
地址、电话：合肥市包河区东流路176号，0551-62999666
开户行及账号：中国建设银行合肥市东流支行，4321055698762100122

车辆：东风小货车-DFD1598-SS019F
车号：皖A5S89Z
起运地：合肥市蜀山区临江东路186号
到达地：合肥市庐阳区长江中路355号

图 1-170 【业务六十三】原始凭证 2

入 库 单

2023 年 01 月 30 日　　单号 c013002

交来单位及部门	金鑫家电配件制造有限公司	发票号码或生产单号码	99351370	验收仓库	配件库	入库日期	2023年01月30日

编号	名称及规格	单位	交库	实收	单价	金额	备注
1	电器盒YKK-576	件	80	80			
	合 计		80	80	—		—

部门经理：（略）　会计：（略）　仓库：（略）　经办人：（略）

图 1-171 【业务六十三】原始凭证 3

1

付 款 审 批 单

2023 年   01 月   30 日

收款单位	合肥路路通快递有限责任公司		申请部门	采购部
开 户 行	中国建设银行合肥市东流支行		经 手 人	杨钱
账　　号	4321055698762100122		付款方式	转账支票
付款用途	支付商品电器盒YKK-576的运输费用。			
付款金额	人民币(大写)	肆佰叁拾陆圆整	小写	￥436.00
总经理	财务负责人		部门负责人	出纳
王翔	张国		杨钱	周冲

会计主管：（略）   审核：（略）   出纳：（略）   制单：（略）

图 1-172 【业务六十三】原始凭证 4

交通银行
转账支票存根
30103427
20289807

附加信息 _____

_____

出票日期 2023 年 01 月 30 日

| 收款人：合肥路路通快递有限责任公司 |
| 金　额：￥436.00 |
| 用　途：支付运输费用 |

单位主管（略）会计（略）

合肥方正三彩印刷有限公司·2018年印制

图 1-173 【业务六十三】原始凭证 5

付 款 审 批 单

2023 年 01 月 30 日

收款单位	金鑫家电配件制造有限公司	申请部门	采购部
开户行	中国工商银行合肥市蜀山支行	经手人	杨钱
账 号	6754465534320137819	付款方式	转账支票
付款用途	支付合同cg0116规定的购货款。		
付款金额 人民币(大写)	陆万贰仟捌佰贰拾捌圆整	小写	¥62828.00
总经理	财务负责人	部门负责人	出纳
王翔	张园	杨钱	周冲

会计主管：（略） 审核：（略） 出纳：（略） 制单：（略）

图 1-174 【业务六十三】原始凭证 6

交通银行
转账支票存根
30103427
20289808

附加信息

_____

出票日期 2023 年 01 月 30 日

收款人:	金鑫家电配件制造有限公司
金 额:	¥62828.00
用 途:	支付购货款

单位主管（略）会计（略）

图 1-175 【业务六十三】原始凭证 7

业务六十四

业务六十五

【业务六十四】 31 日，自美的空调 1 月 30 日购入的壁挂式空调 BGS-356（合同编号 cg0117），发票仍未收到，月末暂估入账，暂估单价按合同单价确定。

【业务六十五】 31 日，根据合同 wt0101 规定，向金鑫配件开具代销清单，款项支付不使用现付功能处理。取得相关凭证如图 1-176～图 1-180 所示。

1

商品代销清单

结算期间： **2023.01.01** 至 **2023.01.31**　　No. **157823**

委托方	金鑫家电配件制造有限公司				受托方	合肥飞翔电器销售公司		
账号	6754465534320137819				账号	3324844655783652598		
开户银行	中国工商银行合肥市蜀山支行				开户银行	交通银行合肥市长江路支行		

代销货物	名称及规格	计量单位	数量	单价	金额	税率	税额
	电机YSH-215	台	200	900.00	180000.00	13%	23400.00
	价税合计	人民币（大写） 贰拾万叁仟肆佰圆整				小写：¥203400.00	

代销方式	按销货款（不含增值税）的10%收取手续费
代销款结算时间	根据代销货物销售情况于每月月底结算一次货款
代销款结算方式	转账支票

本期代销货物销售情况	名称及规格	计量单位	数量	单价	金额	税率	税额
	电机YSH-215	台	150	900.00	135000.00	13%	17550.00
	价税合计	人民币（大写） 壹拾伍万贰仟伍佰伍拾圆整				小写：¥152550.00	
本期代销款结算金额	人民币（大写） 壹拾伍万贰仟伍佰伍拾圆整					小写：¥152550.00	

主管：（略）　　审核：（略）　　制单：（略）　　受托方盖章

图 1-176 【业务六十五】原始凭证 1

图 1-177 【业务六十五】原始凭证 2

图 1-178 【业务六十五】原始凭证 3

1

付 款 审 批 单

2023 年 01 月 31 日

收款单位	金鑫家电配件制造有限公司		申请部门	采购部
开户行	中国工商银行合肥市蜀山支行		经手人	杨钱
账 号	6754465534320137819		付款方式	转账支票
付款用途	结算合同wt0101规定的代销款。			
付款金额	人民币(大写) 壹拾叁万捌仟贰佰肆拾元整		小写	¥138240.00
总经理	财务负责人	部门负责人		出纳
王翔	张国	杨钱		周冲

会计主管：（略） 审核：（略） 出纳：（略） 制单：（略）

图 1-179 【业务六十五】原始凭证 4

交通银行
转账支票存根
30103427
20289809

合肥方正三鑫印刷有限公司·2018年印制

附加信息　＿＿＿＿＿＿＿

出票日期 **2023 年 01 月 31 日**

收款人：金鑫家电配件制造有限公司

金　额：¥138240.00

用　途：结算代销款

单位主管（略）会计（略）

图 1-180 【业务六十五】原始凭证 5

【业务六十六】 31日，根据合同 wt0103 规定，向金鑫配件开具代销清单，款项支付使用现付功能处理。取得相关凭证如图 1-181～图 1-184 所示。

业务六十六

商品代销清单

结算期间： **2023.01.01 至 2023.01.31**　　　　No. **548646**

委托方	金鑫家电配件制造有限公司					受托方	合肥飞翔电器销售公司		
账号	6754465534320137819					账号	3324844655783652598		
开户银行	中国工商银行合肥市蜀山支行					开户银行	交通银行合肥市长江路支行		

代销货物	名称及规格	计量单位	数量	单价	金额	税率	税额
	压缩机WDQ-365	台	100	1500.00	150000.00	13%	19500.00
	价税合计 人民币(大写) 壹拾陆万玖仟伍佰圆整				小写：¥169500.00		

代销方式	视同买断方式，由受托方销售代销货物
代销款结算时间	根据代销货物销售情况于每月月底结算一次货款
代销款结算方式	转账支票

本期代销货物销售情况	名称及规格	计量单位	数量	单价	金额	税率	税额
	压缩机WDQ-365	台	100	1500.00	150000.00	13%	19500.00
	价税合计 人民币(大写) 壹拾陆万玖仟伍佰圆整				小写：¥169500.00		
本期代销款结算金额	人民币(大写) 壹拾陆万玖仟伍佰圆整				小写：¥169500.00		

主管：（略）　　　审核：（略）　　　制单：（略）　　　受托方盖章：

图 1-181 【业务六十六】原始凭证 1

1

图 1-182 【业务六十六】原始凭证 2

图 1-183 【业务六十六】原始凭证 3

【业务六十七】 31 日,收到东科家电根据合同 wt0102 开具的委托代销清单,款项收取使用现结功能处理。取得相关凭证如图 1-185~图 1-187 所示。

交通银行
转账支票存根
30103427
20289810

附加信息 _____

_____

出票日期 *2023* 年 *01* 月 *31* 日

收款人: 金鑫家电配件制造
有限公司

金 额: ￥169500.00

用 途: 结算代销款

单位主管 （略）会计 （略）

图 1-184 【业务六十六】原始凭证 4

商品代销清单

结算期间: *2023.01.01* 至 *2023.01.31*　　　　No. *594616*

委托方	合肥飞翔电器销售公司		受托方	合肥东科家电经营部	
账号	33248446557836525 98		账号	17047685043563852 13	
开户银行	交通银行合肥市长江路支行		开户银行	中国工商银行合肥市蜀山支行	

代销货物	名称及规格	计量单位	数量	单价	金额	税率	税额
	壁挂式空调BGS-356	台	80	5400.00	432000.00	13%	56160.00
	价税合计 人民币(大写) 肆拾捌万捌仟壹佰陆拾圆整				小写: ￥488160.00		

代销方式	视同买断方式，由受托方销售代销货物
代销款结算时间	根据代销货物销售情况于每月月底结算一次货款
代销款结算方式	转账支票

本期代销货物销售情况	名称及规格	计量单位	数量	单价	金额	税率	税额
	壁挂式空调BGS-356	台	80	5400.00	432000.00	13%	56160.00
	价税合计 人民币(大写) 肆拾捌万捌仟壹佰陆拾圆整				小写: ￥488160.00		
	本期代销款结算金额 人民币(大写) 肆拾捌万捌仟壹佰陆拾圆整				小写: ￥488160.00		

主管: （略）　　审核: （略）　　制单: （略）　　受托方盖章:

图 1-185 【业务六十七】原始凭证 1

1

图 1-186 【业务六十七】原始凭证 2

图 1-187 【业务六十七】原始凭证 3

　　【业务六十八】　31日,收到惠光电器根据合同wt0104开具的委托代销清单,款项收取不使用现结功能处理。取得相关凭证如图1-188~图1-191所示。

商品代销清单

结算期间：**2023.01.01** 至 **2023.01.31**　　　　No. 659832

委托方	合肥飞翔电器销售公司			受托方	合肥惠光电器经销部			
账号	33248446557836525 98			账号	8724465781011441047			
开户银行	交通银行合肥市长江路支行			开户银行	中国建设银行合肥市璐海支行			

代销货物	名称及规格	计量单位	数量	单价	金额	税率	税额
	立柜式空调LGS-726	台	60	7200.00	432000.00	13%	56160.00
	价税合计　人民币(大写) 肆拾捌万捌仟壹佰陆拾圆整　　小写：¥488160.00						

代销方式	按销货款（不含增值税）的10%收取手续费
代销款结算时间	根据代销货物销售情况于每月月底结算一次货款
代销款结算方式	转账支票

本期代销货物销售情况	名称及规格	计量单位	数量	单价	金额	税率	税额
	立柜式空调LGS-726	台	60	7200.00	432000.00	13%	56160.00
	价税合计　人民币(大写) 肆拾捌万捌仟壹佰陆拾圆整　　小写：¥488160.00						
本期代销款结算金额	人民币(大写) 肆拾捌万捌仟壹佰陆拾圆整　　小写：¥488160.00						

主管：（略）　　审核：（略）　　制单：（略）　　受托方盖章：

图1-188　【业务六十八】原始凭证1

1

图 1 - 189 【业务六十八】原始凭证 2

图 1 - 190 【业务六十八】原始凭证 3

交通银行 进账单 （收账通知）

3

2023 年 01 月 31 日

出票人	全 称	合肥惠光电器经销部	收款人	全 称	合肥飞翔电器销售公司
	账 号	8724465781011441047		账 号	3324844655783652598
	开户银行	中国建设银行合肥市瑞海支行		开户银行	交通银行合肥市长江路支行

金额	人民币（大写）	肆拾肆万贰仟叁佰陆拾捌圆整	亿	千	百	十	万	千	百	十	元	角	分
					￥	4	4	2	3	6	8	0	0

票据种类	转账支票	票据张数	1
票据号码	50534506		

交通银行合肥市长江路支行
2023.01.31
转讫

复核 （略） 记账 （略）　　　　　　　　　　　　　　　收款人开户银行签章

此联是收款人开户银行交给收款人的收账通知

图 1-191 【业务六十八】原始凭证 4

【业务六十九】 31 日，仓储部许良对商品库及配件库进行盘点。取得相关凭证如图 1-192、图 1-193 所示。

业务六十九

存 货 盘 点 表

盘点仓库：**商品库**　　　　　　盘点日期：**2023.01.31**　　　　　　盘点人：**许良**

序号	商品名称	规格型号	账面		盘盈		盘亏		实盘	
			数量	金额	数量	金额	数量	金额	数量	金额
1	直筒洗衣机	MBR-702	50						50	
2	滚筒洗衣机	MDR-715	140						140	
3	壁挂式空调	BGS-356	120						120	
4	立柜式空调	LGS-726	50						50	
5	双开门冰箱	BCD-400	80						80	
6	多开门冰箱	BFD-600	50						50	
	合 计		—	—	—	—	—	—	—	—

以上"金额"均为原值

图 1-192 【业务六十九】原始凭证 1

【业务七十】 31 日，配件库盘盈、盘亏的存货报批入账。取得相关凭证如图 1-194 所示。

业务七十

存 货 盘 点 表

盘点仓库：配件库　　　　　　　盘点日期：2023.01.31　　　　　　　盘点人：许良

序号	商品名称	规格型号	账面		盘盈	盘亏	实盘	
			数量	金额	数量	数量	数量	金额
1	主机控制板	DAH-564	130				130	
2	触摸开关	CMK-956	240				240	
3	遥控开关	KZB-152	242			12	230	
4	照明灯	ZMD-963	235			10	225	
5	温度器	DJH-982	199		1		200	
6	电器盒	YKK-576	120				120	
合		计	—		—	—	—	

以上"金额"均为原值

图 1-193　【业务六十九】原始凭证 2

存货盘盈/亏处理报告表

企业名称：合肥飞翔电器销售有限公司　　　　　2023 年　　01 月　　31 日　　　　　　单位：元

名称和规格	计量单位	单价	数量		盘盈		盘亏		差异原因
			账存	实存	数量	金额	数量	金额	
遥控开关KZB-152	个	60.00	242	230			12	720.00	收发计量差错
照明灯ZMD-963	个	200.00	235	225			10	2000.00	收发计量差错
温度器DJH-982	个	5.00	199	200	1	5.00			收发计量差错
财务部门建议处理意见：		盘亏存货损失计入管理费用；盘盈存货冲减当期管理费用。							
单位主管部门批复处理意见：		同意							
批准人：（略）		审批人：（略）		部门负责人：（略）			制单：（略）		

图 1-194　【业务七十】原始凭证

二、备份账套数据

在 D 盘的"实训账套"文件夹下建立"1-3"文件夹,将账套备份至此文件夹。

实训四　期末业务及报表处理

一、凭证审核与记账

31 日,对所有凭证进行审核、记账处理。

凭证审核
与记账

二、期间损益结转

31 日,进行期末损益类账户结转,并审核记账。

期间损益结转

三、月末结账

31 日,对各系统进行对账、结账处理。

月末结账

四、生成财务报表

31 日,利用报表模板生成资产负债表、利润表。在 D 盘的"实训账套"文件夹下建立"1-4"文件夹,并将生成的资产负债表、利润表保存在该文件夹下。

生成财务报表

五、备份账套数据

将账套备份至"D:\实训账套\1-4"文件夹下。

项目二 模拟题一

第一部分 初始账套信息

一、企业背景资料

(一) 企业概况

南京鑫元商贸有限公司(简称鑫元商贸),是专门从事乳制品批发的商贸企业,公司法人代表李金泽。

公司开户银行及账号:

人民币:交通银行南京上元路支行,账号:6220000526782987947;

美　元:交通银行南京上元路支行,账号:6220000526782987616。

纳税人识别号:253100098765760286。

公司地址:南京市江宁区上元路48号,电话:025 - 89820888,邮箱:xysm@126.com。

(二) 科目设置及辅助核算要求

日记账:库存现金、银行存款。

银行账:银行存款/工行存款(人民币)、银行存款/工行存款(美元)。

客户往来:应收票据/银行承兑汇票、应收票据/商业承兑汇票、应收账款/人民币、应收账款/美元、预收账款/人民币、预收账款/美元。

供应商往来:在途物资、应付票据/商业承兑汇票、应付票据/银行承兑汇票、应付账款/一般应付款、应付账款/暂估应付款(其中,一般应付款设置为受控于应付系统,暂估应付款设置为不受控于应付系统)、预付账款、其他应付款/其他单位往来、受托代销商品款。

(三) 会计凭证的基本规定

录入或生成"记账凭证"均由指定的会计人员操作,含有库存现金和银行存款科目的记账凭证均需出纳签字。采用单一格式的复式记账凭证。对已记账的凭证修改,只采用红字冲销法。为保证财务与业务数据的一致性,能在业务系统生成的记账凭证不得在总账系统直接录入。根据原始单据生成记账凭证时,除特殊规定外不采用合并制单。出库单与入库单原始凭证以软件系统生成的为准;除指定业务外,收到发票同时支付款项的业务使用现付功能处理,开出发票同时收到款项的业务使用现结功能处理。

(四) 结算方式

公司采用的结算方式包括现金、支票、托收承付、委托收款、银行汇票、商业汇票、电汇等。收、付款业务由财务部门根据有关凭证进行处理,在系统中没有对应结算方式时,其结算方式为"其他"。

(五)外币业务的处理

公司按业务发生当日的即期汇率记账,按期末汇率按月计算汇兑损益。

(六)存货业务的处理

公司存货主要包括乳制品、乳酸菌,按存货分类进行存放(代销商品除外)。各类存货按照实际成本核算,采用永续盘存制;对库存商品采用"数量进价金额核算"法,发出存货成本计价采用"先进先出法",采购入库存货对方科目全部使用"在途物资"科目,委托代销商品成本使用"发出商品"科目核算,受托代销商品使用"受托代销商品"科目核算;存货按业务发生日期逐笔记账并制单,暂估业务除外。同一批出入库业务合并生成一张记账凭证;采购、销售业务必有订单(订单号与合同编号一致)、出入库业务必有发货单和到货单。

存货核算制单时不允许勾选"已结算采购入库单自动选择全部结算单上单据,包括入库单、发票、付款单,非本月采购入库按蓝字报销单制单"选项。

新增客户或供应商编码采用连续编号方式。

(七)财产清查的处理

公司期末对存货进行清查,根据盘点结果编制"盘点表",并与账面数据进行比较,由库存管理员审核后进行处理。

(八)坏账损失的处理

除应收账款外,其他的应收款项不计提坏账准备。期末,按应收账款余额百分比法计提坏账准备,提取比例为 0.5%。

(九)损益类科目的结转

每月末将各损益类科目余额转入"本年利润"科目,结转时按收入和支出分别生成记账凭证。

二、账套用户及权限(表 2 - 1)

表 2 - 1　操作员及权限分工

操作员编号	操作员姓名	隶属部门	职　务	操　作　分　工
A01	李金泽	经理室	总经理	账套主管
W01	宋　清	财务部	财务经理	审核凭证,总账结账
W02	黄小明	财务部	会计	总账(填制、查询凭证、账表、期末处理、记账)、应收应付系统权限,存货核算、UFO 报表权限
W03	李　卉	财务部	出纳	总账(出纳签字),票据管理,收、付款单填制权限(卡片编辑、卡片删除、卡片查询、列表查询)
G01	叶　敏	采购部	采购部	采购管理的全部权限
X01	张　立	销售部	销售部	销售管理的全部权限
C01	李　红	仓储部	库管员	库存管理的全部权限 公用目录和公共单据权限

备注:取消【仓库】【科目】【工资权限】及【用户】的记录级数据权限控制。

三、建账资料

账套号：616。

账套名称：南京鑫元商贸有限公司。

启用日期：2023 年 01 月 01 日。

企业类型：商业企业。

行业性质：2007 年新会计制度科目。

基础信息：存货、客户、供应商是否分类（是），是否有外币核算（是）。

编码方案：科目编码级次 4-2-2-2，收发类别编码级次 1-2，其他采用系统默认。

数据精度：采用系统默认。

启用系统：总账、应收、应付、采购、销售、库存、存货系统。

四、基础档案设置

（一）机构人员

1. 设置部门档案（表 2-2）

表 2-2　部门档案

部门编码	部门名称
1	经理室
2	财务部
3	采购部
4	销售部
5	仓储部

2. 设置人员类别（表 2-3）

表 2-3　人员类别资料

分类编码	分类名称
10101	管理人员
10102	采购人员
10103	销售人员

3. 设置人员档案（表 2-4）

表 2-4　人员档案

人员编码	人员名称	所属部门	人员类别	性别	是否业务员	业务或费用部门
101	李金泽	经理室	管理人员	男	是	经理室
201	宋　清	财务部	管理人员	男	是	财务部
202	黄小明	财务部	管理人员	男	是	财务部

人员编码	人员名称	所属部门	人员类别	性别	是否业务员	业务或费用部门
203	李 卉	财务部	管理人员	女	是	财务部
301	叶 敏	采购部	采购人员	女	是	采购部
302	王宏伟	采购部	采购人员	男	是	采购部
401	张 立	销售部	销售人员	男	是	销售部
402	李丽珊	销售部	销售人员	女	是	销售部
501	李 红	仓储部	管理人员	女	是	仓储部

(二) 客商信息

1. 设置地区分类（表 2-5）

表 2-5 地区分类资料

地区分类编码	地区分类
01	江苏
02	河北
03	上海
04	内蒙古
05	广东
06	安徽
09	境外

2. 设置客户分类（表 2-6）

表 2-6 客户分类资料

客户分类编码	客户分类
01	超市类
02	商贸类
03	零售商店

3. 设置客户档案（表 2-7）

表 2-7 客 户 档 案

客户编码	客户名称	客户简称	所属分类	所属地区	纳税人识别号	地址电话	开户银行	账 号
0001	南京华联超市有限公司	华联超市	超市	江苏	250104735760887342	南京市秦淮区中山路 46 号，025 -67617288	交通银行南京中山路支行	7372310182600024932

客户编码	客户名称	客户简称	所属分类	所属地区	纳税人识别号	地址电话	开户银行	账　号
0002	南京欧尚超市有限公司	欧尚超市	超市	江苏	250106874790757564	南京市花园路20号，025－56774219	中国银行南京五峰路支行	6477620185600024346
0003	南京沃尔玛超市有限公司	沃尔玛超市	超市	江苏	250107865230333237	南京市保定路339号，025－86137566	中国建设银行南京保定路支行	2353670188600024689
0004	南京大润发超市有限公司	大润发超市	超市	江苏	250108321260348666	南京市珠江路9号，025－82766169	中国农业银行南京珠江路支行	5893680183600024178
0005	南京兴旺商贸公司	兴旺商贸	商贸	江苏	250108321260348788	南京市湖南路308号，025－86137562	交通银行南京湖南路支行	6372310182600025688
0006	南京日新商贸公司	日新商贸	商贸	江苏	250108321260368999	南京市花园路28号，025－56774238	中国建设银行南京花园路支行	6277620185600022986
0007	南京聚鑫商贸公司	聚鑫商贸	商贸	江苏	250108321260376879	南京市栖霞区万春路8号，025－45663275	中国农业银行南京栖霞支行	2453670188600023688
0008	南京同福进出口有限公司	同福进出口公司	商贸	江苏	250108321260488643	南京玄武区张庄路18号，025－67617399	中国银行济南玄武支行	6223680183600022768

4. 设置供应商分类（表2-8）

表2-8　供应商分类资料

供应商分类编码	供应商分类
01	商品
01001	乳制品
01002	乳酸菌
09	其他

5. 设置供应商档案（表2-9）

表2-9　供应商档案

客户编码	供应商名称	供应商简称	所属分类	所属地区	纳税人识别号	地址电话	开户银行	账　号
0001	石家庄君乐宝乳业有限公司	君乐宝乳业	01001	河北	130185723354486886	石家庄市石铜路68号，0311－83830123	交通银行石家庄支行	0402022029249363661
0002	上海光明乳业有限公司	光明乳业	01001	上海	210115777321663463	上海市闵行区吴中路378号，021－60483388	中国银行上海吴中路支行	2700600597934526278

续 表

客户编码	供应商名称	供应商简称	所属分类	所属地区	纳税人识别号	地址电话	开户银行	账 号
0003	内蒙古伊利乳业有限公司	伊利乳业	01001	内蒙古	390300545731347567	呼和浩特市曙金川开发区148号，0471－87631800	交通银行呼和浩特金川支行	2300600236934526237
0004	广州喜乐食品有限公司	喜乐食品	01002	广东	440300588731555244	广州市金华一街3号，020－82821822	交通银行广州经济技术开发区支行	3602005090026669884

（三）存货信息

1. 设置存货分类（表 2-10）

表 2-10 存货分类资料

分类编码	分类名称
01	商品
0101	乳制品
0102	乳酸菌
09	其他

2. 设置计量单位组（表 2-11）

表 2-11 计量单位组资料

计量单位组编码	计量单位组名称	计量单位组类别	计量单位编码	计量单位
01	自然单位	无换算	01	箱
01	自然单位	无换算	02	公里
01	自然单位	无换算	03	个

3. 设置存货档案（表 2-12）

表 2-12 存 货 档 案

分类编码	所属类别	存货编码	存货名称	计量单位	税率	规格	存货属性
0101	乳制品	0001	君乐宝 200 mL 原味开啡尔酸奶	箱	13%	1×24	外购、内销
		0002	君乐宝 200 mL 优致牧场纯牛奶	箱	13%	1×24	外购、内销
		0003	君乐宝 200 mL 香蕉牛奶	箱	13%	1×24	外购、内销
		0004	光明 200 mL 畅优酸奶	箱	13%	1×24	外购、内销
		0005	光明 200 mL 红枣酸奶	箱	13%	1×24	外购、内销
		0006	光明 200 mL 莫斯利安酸奶	箱	13%	1×24	外购、内销
		0007	光明 200 mL 纯牛奶	箱	13%	1×24	外购、内销

续 表

分类编码	所属类别	存货编码	存货名称	计量单位	税率	规格	存货属性
0101	乳制品	0008	光明 200 mL 优倍牛奶	箱	13%	1×24	外购、内销
		0009	伊利 200 mL 畅轻酸奶	箱	13%	1×24	外购、内销
		0010	伊利 200 mL 红枣酸奶	箱	13%	1×24	外购、内销
		0011	伊利 200 mL 安慕希酸奶	箱	13%	1×24	外购、内销
		0012	伊利 200 mL 营养舒化奶	箱	13%	1×24	外购、内销、受托代销
		0013	伊利 200 mL 金典有机奶	箱	13%	1×24	外购、内销、受托代销
0102	乳酸菌	0014	喜乐 368 mL 蓝莓味	箱	13%	1×24	外购、内销
		0015	喜乐 368 mL 香橙味	箱	13%	1×24	外购、内销
		0016	喜乐 368 mL 原味	箱	13%	1×24	外购、内销
09	其他	0017	运输费	公里	9%		外购、内销
		0018	富光 500 mL 太空杯	个	13%		外购、内销

(四) 财务信息

1. 需要增加和修改的会计科目(表 2-13)

表 2-13 需要增加和修改的会计科目资料

科目编码	科目名称	外币币种	辅助账类型	账页格式	余额方向	受控系统	银行账	日记账
1001	库存现金			金额式	借			Y
1002	银行存款			金额式	借		Y	Y
100201	工行存款(人民币)			金额式	借		Y	Y
100202	工行存款(美元)	美元		外币金额式	借		Y	Y
1012	其他货币资金			金额式	借			
101201	存出投资款			金额式	借			
1121	应收票据		客户往来	金额式	借	应收系统		
112101	银行承兑汇票		客户往来	金额式	借	应收系统		
112102	商业承兑汇票		客户往来	金额式	借	应收系统		
1122	应收账款			金额式	借			
112201	人民币		客户往来	金额式	借	应收系统		
112202	美元	美元	客户往来	外币金额式	借	应收系统		
1123	预付账款			金额式	借			
112301	人民币		供应商往来	金额式	借	应付系统		
112302	美元	美元	供应商往来	外币金额式	借	应付系统		

续　表

科目编码	科目名称	外币币种	辅助账类型	账页格式	余额方向	受控系统	银行账	日记账
1321	受托代销商品			金额式	借			
1481	合同资产		客户往来	金额式	借	应收系统		
2001	短期借款			金额式	贷			
200101	中国工商银行济南天桥支行			金额式	贷			
2201	应付票据		供应商往来	金额式	贷	应付系统		
220101	银行承兑汇票		供应商往来	金额式	贷	应付系统		
220102	商业承兑汇票		供应商往来	金额式	贷	应付系统		
2202	应付账款			金额式	贷			
220201	一般应付款		供应商往来	金额式	贷	应付系统		
220202	暂估应付款		供应商往来	金额式	贷	应付系统		
2203	预收账款			金额式	贷			
220301	人民币		客户往来	金额式	贷	应收系统		
220302	美元	美元	客户往来	外币金额式	贷	应收系统		
2204	合同负债		客户往来	金额式	贷	应收系统		
2211	应付职工薪酬			金额式	贷			
221101	工资			金额式	贷			
221102	社会保险			金额式	贷			
221103	职工福利			金额式	贷			
2221	应交税费			金额式	贷			
222101	应交增值税			金额式	贷			
22210101	进项税额			金额式	借			
22210102	已交税金			金额式	借			
22210103	减免税款			金额式	借			
22210104	转出未交增值税			金额式	借			
22210106	销项税额			金额式	贷			
22210107	进项税额转出			金额式	贷			
22210108	转出多交增值税			金额式	贷			
2314	受托代销商品款		供应商往来	金额式	贷			
4104	利润分配			金额式	贷			
410415	未分配利润			金额式	贷			
6601	销售费用			金额式	借			
660101	职工薪酬			金额式	借			
660102	广告费			金额式	借			
660103	委托代销手续费			金额式	借			

续　表

科目编码	科目名称	外币币种	辅助账类型	账页格式	余额方向	受控系统	银行账	日记账
660104	赠品费用			金额式	借			
660109	其他			金额式	借			
6602	管理费用			金额式	借			
660201	职工薪酬			金额式	借			
660202	办公费			金额式	借			
660209	其他			金额式	借			
6702	信用减值损失			金额式	借			

2. 设置指定科目

指定现金科目为库存现金、银行科目为银行存款。

3. 设置凭证类别

设置凭证类别为"记账凭证"。

4. 设置外币

设置外币为 USD 美元,固定汇率。

(五) 收付结算

1. 设置结算方式(表 2-14)

表 2-14　结算方式资料

编　号	结算方式名称
1	现金
2	支票
201	现金支票
202	转账支票
3	汇票
301	商业承兑汇票
302	银行承兑汇票
4	电汇
5	托收承付
6	委托收款
9	其他

2. 设置本单位开户银行(表 2-15)

表 2-15　单位开户银行资料

项　目	内　容	
开户银行编码	01	02
开户银行名称	交通银行南京上元路支行	交通银行南京上元路支行

续 表

项 目	内 容	
账号	6220000526782987947	6220000526782987616
账户名	南京鑫元商贸有限公司	南京鑫元商贸有限公司
币种	人民币	美元
所属银行	交通银行	交通银行

（六）业务信息

1. 设置仓库档案（表2-16）

表2-16 仓库档案

仓库编码	仓库名称	计价方式
01	乳制品库	先进先出法
02	乳酸菌库	先进先出法
03	受托代销库	先进先出法
04	赠品仓库	先进先出法

2. 设置收发类别（表2-17）

表2-17 收发类别资料

收发类别编码	收发类别名称	收发标志	收发类别编码	收发类别名称	收发标志
1	入库	收	2	出库	发
101	采购入库	收	201	销售出库	发
102	采购退货	收	202	销售退货	发
103	盘盈入库	收	203	盘亏出库	发
104	受托代销入库	收	204	委托代销出库	发
109	其他入库	收	205	赠品出库	发
			209	其他出库	发

3. 设置采购和销售类型（表2-18）

表2-18 采购和销售类型资料

	名 称	出入库类别		名 称	出入库类别
采购类型	01 正常采购	采购入库	销售类型	01 正常销售	销售出库
	02 受托采购	受托代销入库		02 委托销售	委托代销出库
	03 采购退货	采购退货		03 销售退货	销售退货
				04 赠品销售	赠品出库

4.设置费用项目(表2-19)

表2-19　费用项目资料

费用项目分类编码	费用项目分类名称	费用项目编码	费用项目名称
0	无分类	01	运输费
0	无分类	02	委托代销手续费

5.设置非合理损耗的类型(表2-20)

表2-20　非合理损耗的类型资料

非合理损耗类型编码	非合理损耗类型名称
01	运输部门责任

五、单据设置

(一) 设置单击格式

(1) 修改销售订单、销售专用发票、发货单表头汇率可编辑。

(2) 修改销售专用发票表体退补标志,数量删除必输项。

(3) 增加委托代销结算单"发票号"表头,销售费用支出单"单据流向"和费用供应商名称。

(二) 设置单据编号

(1) 采购订单,采购(专用,普通)发票,完全手工编号。

(2) 销售订单,销售(专用,普通)发票,零售日报,完全手工编号。

六、采购管理与应付款管理初始设置

(一) 采购管理

设置采购选项:启用受托代销,允许超订单到货及入库,其他默认。

(二) 应付款管理

1.设置选项

单据审核日期依据单据日期,自动计算现金折扣,勾选核销生成凭证;其他参数为系统默认。

2.设置科目

(1) 基本科目设置:应付科目为220201,预付科目为112301,税金科目为22210101;采购科目为1402;现金折扣科目为6603;银行承兑科目为220101;商业承兑科目为220102。

(2) 控制科目设置:应付科目为220201;预付科目为112301。

(3) 产品科目设置:采购科目为1402,税金科目为22210101。

(4) 结算科目设置:现金对应1001;现金支票、转账支票、电汇、其他对应100201。

3.录入期初余额(表2-21、表2-22)

表2-21　应付账款——一般应付款(220201)期初余额

日　　期	供应商简称	摘　　　要	方向	金额/元
2022-12-08	君乐宝乳业	业务员叶敏,购入君乐宝200 mL优致牧场纯牛奶200箱,不含税单价48.00元/箱,票号55438098	贷	10 848.00

表 2－22　预付账款(112301)期初余额

日　期	供应商简称	摘　要	方向	金额/元	结算方式
2022－12－17	喜乐食品	预付喜乐食品货款,票号 19782436	借	2 000.00	电汇

七、销售管理与应收款管理初始设置

(一)销售管理

设置销售选项:有零售日报业务,有委托代销业务,直运销售、销售调拨;取消销售生成出库单;新增退货单参照发货单,新增发票参照订单。

(二)应收款管理

1. 设置参数

单据审核日期依据单据日期;其他参数为系统默认。

2. 设置科目

(1)基本科目设置:应收科目为112201,预收科目为2204,税金科目为22210106;销售收入科目为6001;销售退回科目为6001;现金折扣科目为6603;坏账入账科目为1231;银行承兑科目为112101;商业承兑科目112102。

(2)控制科目设置:济南同福进出口公司应收科目为112202,预收科目为220302;其余客户的应收科目为112201,预收科目为2204。

(3)产品科目设置:乳制品、乳酸菌的销售收入科目均为6001,应交增值税科目为22210106,销售退回科目为6001。

(4)结算方式科目设置:现金对应1001;现金支票、转账支票、电汇、其他均对应100201。

(5)坏账准备设置:提取比例为0.5%,坏账准备期初余额为168.48,坏账准备科目为1231,对方科目为6702。

3. 录入期初余额(表 2－23、表 2－24)

表 2－23　合同负债(2204)期初余额

日　期	客户简称	摘　要	方向	金额/元	结算方式
2022－12－31	华联超市	收到华联超市预付的货款,票号 51894748	贷	5 000.00	转账支票

表 2－24　应收票据(112101)期初余额

日　期	客户简称	摘　要	方向	金额/元	结算方式
2022－11－08	欧尚超市	收到欧尚超市签发的中国银行承兑汇票,签发日期 2022－11－08,到期日 2023－02－08,票号 35678332	借	8 424.00	银行承兑汇票

八、库存管理与存货核算初始设置

(一)库存管理

1. 设置参数

有受托代销业务,有委托代销业务。修改现存量时点为采购入库审核、销售出库审核、其他出入库审核时。

2. 录入库存期初数据(表 2 - 25)

表 2 - 25   库存期初资料

分类编码	所属类别	存货编码	存 货 名 称	计量单位	税率	规格	数量	单价/元	金额/元
0101	乳制品	0001	君乐宝 200 mL 原味开啡尔酸奶	箱	13%	1×24	120	60.00	7 200.00
		0002	君乐宝 200 mL 优致牧场纯牛奶	箱	13%	1×24	100	48.00	4 800.00
		0003	君乐宝 200 mL 香蕉牛奶	箱	13%	1×24	280	36.00	10 080.00
		0004	光明 200 mL 畅优酸奶	箱	13%	1×24	300	60.00	18 000.00
		0005	光明 200 mL 红枣酸奶	箱	13%	1×24	100	48.00	4 800.00
		0006	光明 200 mL 莫斯利安酸奶	箱	13%	1×24	200	72.00	14 400.00
		0007	光明 200 mL 纯牛奶	箱	13%	1×24	240	48.00	11 520.00
		0008	光明 200 mL 优倍牛奶	箱	13%	1×24	160	72.00	11 520.00
		0009	伊利 200 mL 畅轻酸奶	箱	13%	1×24	180	60.00	10 800.00
		0010	伊利 200 mL 红枣酸奶	箱	13%	1×24	140	48.00	6 720.00
		0011	伊利 200 mL 安慕希酸奶	箱	13%	1×24	150	84.00	12 600.00
		0012	伊利 200 mL 营养舒化奶	箱	13%	1×24	200	60.00	12 000.00
		0013	伊利 200 mL 金典有机奶	箱	13%	1×24	150	84.00	12 600.00
0102	乳酸菌饮料	0014	喜乐 368 mL 蓝莓味	箱	13%	1×24	200	48.00	9 600.00
		0015	喜乐 368 mL 香橙味	箱	13%	1×24	300	48.00	14 400.00
		0016	喜乐 368 mL 原味	箱	13%	1×24	150	48.00	7 200.00
合 计							2970		168 240.00

(二) 存货核算

1. 设置参数

销售成本核算方式为销售发票,委托代销按发出商品核算,其余默认系统提供参数。

2. 录入期初数据

同库存管理期初数据。

3. 设置科目

(1) 设置存货科目。

乳制品库、乳酸菌库、赠品仓库的存货科目为"1405 库存商品"。

乳制品库、乳酸菌库的发出商品科目为"1406 发出商品"。

乳制品库、乳酸菌库的直运科目为"1402 在途物资"。

受托代销库的存货科目为"1321 受托代销商品"。

(2) 设置存货对方科目。

采购退货的对方科目为"1402 在途物资"。

盘盈入库的对方科目为"1901 待处理财产损溢"。

受托代销入库的对方科目、暂估科目均为"2314 受托代销商品款"。

销售出库、销售退货、委托代销出库的对方科目均为"6401 主营业务成本"。

盘亏出库的对方科目为"1901 待处理财产损溢"。

赠品出库的对方科目为"660104 赠品费用"。

（3）设置税金科目。

乳制品、乳酸菌的税金科目为"22210101 进项税额"。

九、总账管理系统初始设置

（一）设置参数

取消允许修改、作废他人填制的凭证，勾选出纳凭证必须经由出纳签字。

（二）录入期初余额

1. 总账账户期初余额（表 2 - 26）

表 2 - 26　期初余额表

科　目　名　称	方　向	期初余额/元
库存现金（1001）	借	10 000.00
银行存款（1002）	借	
交行存款（人民币）（100201）	借	50 7054.08
其他货币资金（1012）	借	
存出投资款（101201）	借	50 000.00
应收票据（112101）	借	8 424.00
银行承兑汇票（112101）	借	
应收账款（1122）	借	
人民币（112201）	借	20 340.00
美元（112202）	借	
坏账准备（1131）	贷	168.48
预付账款（1123）	借	2 000.00
库存商品（1405）	借	168 240.00
发出商品	借	
固定资产（1601）	借	850 000.00
累计折旧（1602）	贷	156 503.60
短期借款（2001）	贷	
交通银行南京上元路支行（200101）	贷	
应付账款（2202）	贷	
一般应付款（220201）	贷	10 848.00
暂估应付款（220202）	贷	7 200.00
合同负债（2204）	贷	5 000.00

续　表

科　目　名　称	方向	期初余额/元
实收资本(4001)	贷	1 400 000.00
资本公积(4002)	贷	
利润分配(4104)	贷	
未分配利润(410415)	贷	36 338.00
合计		1 459 386.00

2. 辅助核算账户期初余额(表 2-27～表 2-32)

表 2-27　应收账款(112201)期初余额

日　期	客户简称	摘　　要	方向	金额/元
2022-12-18	沃尔玛超市	销售君乐宝原味开啡尔酸奶 300 箱,不含税单价 60 元/箱,票号 32567787	借	20 340.00

表 2-28　合同负债(2204)期初余额

日　期	客户简称	摘　　要	方向	金额/元	结算方式
2022-12-31	华联超市	收到华联超市预付的货款,票号 518947	贷	5 000.00	转账支票

表 2-29　应收票据(112101)期初余额

日　期	客户简称	摘　　要	方向	金额/元	结算方式
2022-11-08	欧尚超市	收到欧尚超市签发的银行承兑汇票,签发日期 2022-11-08,到期日 2023-02-08,票号 35678332	借	8 424.00	银行承兑汇票

表 2-30　应付账款——一般应付款(220201)期初余额

日　期	供应商得称	摘　　要	方向	金额/元
2022-12-08	君乐宝乳业	业务员王宏伟,购入君乐宝 200 mL 优致牧场纯牛奶 200 箱,不含税单价 48 元/箱,票号 55438098	贷	10 848.00

表 2-31　应付账款——暂估应付款(220202)期初余额

日　期	供应商简称	摘　　要	方向	金额/元
2022-12-18	君乐宝乳业	购入君乐宝 200 mL 香蕉牛奶	贷	7 200.00

表 2 - 32 预付账款(112301)期初余额

日 期	供应商简称	摘 要	方向	金额/元	结算方式
2022 - 12 - 17	喜乐食品	预付喜乐食品货款,票号 19782436	借	2 000.00	电汇

(三)设置期间损益转账定义

定义"期间损益结转"凭证,本年利润科目设置为"4103 本年利润"。

第二部分 试题题面

一、系统初始化

【总体要求】

使用 616 账套的总账、采购管理、销售管理、库存管理、存货核算、应收款管理、应付款管理系统完成以下初始化任务。(满分 20 分)

【工作任务】

【任务 1.1】 设置付款条件(表 2 - 33)。

表 2 - 33 付 款 条 件

付款条件编码	信用天数	优惠天数 1	优惠率 1	优惠天数 2	优惠率 2
01	30	10	2	20	1

【任务 1.2】 录入期初采购入库单。

2022 年 12 月 18 日,采购部叶敏采购君乐宝 200 mL 香蕉牛奶 200 箱,不含税单价 36 元/箱,已入乳制品库,正常采购,入库类别为采购入库。

【任务 1.3】 采购期初记账。

【任务 1.4】 应收款管理参数设置。

坏账处理方式:应收余额百分比法;勾选核销生成凭证、自动计算现金折扣。

【任务 1.5】 在应收款管理系统中录入应收账款/人民币(112201)期初余额,如表 2 - 34 所示。

表 2 - 34 应收账款(112201)期初余额

日 期	发票号	客户简称	部门	货物名称	数量	无税单价/元
2022 - 12 - 18	32567787	沃尔玛超市	销售部	君乐宝 200 mL 原味开啡尔酸奶	300	60.00

【任务 1.6】 设置暂估方式为单到回冲。

【任务 1.7】 设置采购入库的对方科目、暂估科目。

【任务 1.8】 存货核算期初余额记账。

二、业务处理与会计核算

【总体要求】

使用 616 账套的总账、采购管理、销售管理、库存管理、存货核算、应收款管理、应付款管理系统完成以下工作任务。（满分 70 分）

【工作任务】

对南京鑫元商贸有限公司 2023 年 1 月份业务进行处理。

【任务 2.1】 1 日，采购部叶敏与光明乳业签订采购合同。取得相关凭证如图 2 - 1 所示。

购销合同

供货方：上海光明乳业有限公司　　　　　　　合同号：CG001

购买方：南京鑫元商贸有限公司　　　　　　　签订日期：2023 年 01 月 01 日

为保护买卖双方的合法权益，买卖双方根据《中华人民共和国合同法》的有关规定，经友好协商，一致同意签订本合同并共同遵守。

一、商品的名称、数量及金额

商 品 名 称	规格型号	计量单位	数 量	单 价（不含税）	金 额（不含税）	税率	税 额
光明200mL红枣酸奶	1*24	箱	500	48.00	24000.00	13%	3120.00
合　　　　计			500	—	¥ 24000.00	—	¥ 3120.00

货款总计（大写）：人民币贰万柒仟壹佰贰拾元整　　　　（小写）：¥ 27120.00

二、质量验收标准：按国家行业标准执行。

三、交货日期：2023 年 01 月 04 日。

四、交货地点：南京鑫元商贸有限公司。

五、结算方式：电汇，付款时间：2023 年 01 月 31 日。

六、发运方式及费用承担：公路运输，相关费用由供货方承担。

七、其　　他：存在商品质量及溢余等情况，经双方协商，另行解决。

八、违约条款：违约方须赔偿对方一切经济损失。但遇天灾人祸或其他人力不能控制之因素而导致延误交货，需方不能要求供方赔偿任何损失。

九、合同纠纷解决方式：经双方协商解决，如协商不成的，可向当地仲裁委员会提出申诉解决。

十、本合同一式两份，双方各执一份，自签订之日起生效。

供方（盖章）

税　号：210115777321663463

开户银行：中国银行上海吴中路支行

银行账号：270060059793452627 8

地　址：上海闵行区吴中路378号

法定代表：王宏

联系电话：021-60483388

需方（盖章）

税　号：253100098765760286

开户银行：交通银行南京上元路支行

银行账号：6220000526782987947

地　址：南京市江宁区上元路48号

法定代表：李金泽

联系电话：025-89820888

图 2 - 1 【1 月 1 日业务】原始凭证

【任务 2.2】 2日,销售部张立与沃尔玛超市签订销售合同。取得相关凭证如图 2-2 所示。

购销合同

供货方: **南京鑫元商贸有限公司**   合同号: **XS001**

购买方: **南京沃尔玛超市有限公司**   签订日期: **2023年01月02日**

为保护买卖双方的合法权益,买卖双方根据《中华人民共和国合同法》的有关规定,经友好协商,一致同意签订本合同并共同遵守。

一、商品的名称、数量及金额

商品名称	规格型号	计量单位	数量	单价(不含税)	金额(不含税)	税率	税额
光明200mL畅优酸奶	1*24	箱	300	84.00	25200.00	13%	3276.00
合计			300	—	￥25200.00	—	￥3276.00

货款总计(大写): 人民币贰万捌仟肆佰柒拾陆元整   (小写): ￥28476.00

二、质量验收标准: 按国家行业标准执行。

三、交货日期: **2023年01月08日**。

四、交货地点: **南京沃尔玛超市有限公司**。

五、结算方式: **转账支票,付款时间: 2023年02月08日**。

六、发运方式及费用承担: **买方自提,相关费用由购买方承担**。

七、其 他: **存在商品质量及溢余等情况,经双方协商,另行解决**。

八、违约条款: 违约方须赔偿对方一切经济损失。但遇天灾人祸或其他人力不能控制之因素而导致延误交货,需方不能要求供方赔偿任何损失。

九、合同纠纷解决方式: 经双方协商解决,如协商不成的,可向当地仲裁委员会提出申诉解决。

十、本合同一式两份,双方各执一份,自签订之日起生效。

供方(盖章)

税 号: 25310009876576 0286

开户银行: 交通银行南京上元路支行

银行账号: 6220000526782987947

地 址: 南京市江宁区上元路48号

法定代表: 李金泽

联系电话: 025-89820888

需方(盖章)

税 号: 25010786523 0333237

开户银行: 中国建设银行南京保定路支行

银行账号: 2353670188600024689

地 址: 南京市保定路339号

法定代表: 章伟

联系电话: 025-86137566

图 2-2 【1月2日业务】原始凭证

【任务2.3】 4日,收到从光明乳业采购的商品。取得相关凭证如图2-3、图2-4所示。

图2-3 【1月4日业务】原始凭证1

图2-4 【1月4日业务】原始凭证2

【任务 2.4】 6 日,销售部张立与欧尚超市签订销售合同。取得相关凭证如图 2-5 所示。

购销合同

供货方: **南京鑫元商贸有限公司** 合同号: **XS002**

购买方: **南京欧尚超市有限公司** 签订日期: **2023 年 01 月 06 日**

为保护买卖双方的合法权益,买卖双方根据《中华人民共和国合同法》的有关规定,经友好协商,一致同意签订本合同并共同遵守。

一、商品的名称、数量及金额

商品名称	规格型号	计量单位	数量	单价(不含税)	金额(不含税)	税率	税额
光明200mL红枣酸奶	1*24	箱	600	72.00	43200.00	13%	5616.00
合 计			600	—	¥43200.00	—	¥5616.00

货款总计(大写): **人民币肆万捌仟捌佰壹拾陆元整**   (小写): **¥48816.00**

二、质量验收标准: 按国家行业标准执行。

三、交货日期: **2023 年 01 月 09 日。**

四、交货地点: **南京欧尚超市有限公司。**

五、结算方式: **转账支票, 付款条件(2/10, 1/10, n/30), 现金折扣计算依据不含增值税**

六、发运方式及费用承担: **买方自提, 相关费用由购买方承担。**

七、其 他: **存在商品质量及溢余等情况, 经双方协商, 另行解决。**

八、违约条款: 违约方须赔偿对方一切经济损失。但遇天灾人祸或其他人力不能控制之因素而导致延误交货, 需方不能要求供方赔偿任何损失。

九、合同纠纷解决方式: 经双方协商解决, 如协商不成的, 可向当地仲裁委员会提出申诉解决。

十、本合同一式两份, 双方各执一份, 自签订之日起生效。

供方(盖章)

税 号: 25310009876760286

开户银行: **交通银行南京上元路支行**

银行账号: 6220000526782987947

地 址: **南京市江宁区上元路48号**

法定代表: **李金泽**

联系电话: 025-89820888

需方(盖章)

税 号: 25010687479075756.4

开户银行: **中国银行南京五峰路支行**

银行账号: 6477620185600024346

地 址: **南京市花园路20号**

法定代表: **赵文轩**

联系电话: 025-56774219

图 2-5 【1 月 6 日业务】原始凭证

【任务 2.5】 8 日,向沃尔玛超市发货。取得相关凭证如图 2-6、图 2-7 所示。

图 2-6 【1 月 8 日业务】原始凭证 1

图 2-7 【1 月 8 日业务】原始凭证 2

【任务 2.6】 9 日,向欧尚超市发货。取得相关凭证如图 2-8、图 2-9 所示。

图 2-8 【1 月 9 日业务】原始凭证 1

图 2-9 【1 月 9 日业务】原始凭证 2

【任务 2.7】 10 日,采购部叶敏与伊利乳业签订采购合同。取得相关凭证如图 2-10~图 2-12 所示。

购销合同

供货方: **内蒙古伊利乳业有限公司**　　　　合同号: **CG002**

购买方: **南京鑫元商贸有限公司**　　　　签订日期: **2023 年 01 月 10 日**

为保护买卖双方的合法权益,买卖双方根据《中华人民共和国合同法》的有关规定,经友好协商,一致同意签订本合同并共同遵守。

一、商品的名称、数量及金额

商品名称	规格型号	计量单位	数量	单价 (不含税)	金额 (不含税)	税率	税额
伊利200mL安慕希酸奶	**1*24**	**箱**	**400**	**84.00**	**33600.00**	**13%**	**4368.00**
合　　　计			**400**	—	**￥33600.00**	—	**￥4368.00**

货款总计(大写): **人民币叁万柒仟玖佰陆拾捌元整**　　　　(小写): **￥37968.00**

二、质量验收标准: 按国家行业标准执行。

三、交货日期: **2023 年 01 月 10 日。**

四、交货地点: **南京鑫元商贸有限公司。**

五、结算方式: **电汇,付款时间: 2023 年 02 月 10 日。**

六、发运方式及费用承担: **公路运输,相关费用由供货方承担。**

七、其　　他: **存在商品质量及溢余等情况,经双方协商,另行解决。**

八、违约条款: 违约方须赔偿对方一切经济损失。但遇天灾人祸或其他人力不能控制之因素而导致延误交货,需方不能要求供货赔偿任何损失。

九、合同纠纷解决方式: 经双方协商解决,如协商不成的,可向当地仲裁委员会提出申诉解决。

十、本合同一式两份,双方各执一份,自签订之日起生效。

供方(盖章)

税　　号: **390300545731347567**

开户银行: **交通银行呼和浩特金川支行**

银行账号: **2300600236934526237**

地　　址: **呼和浩特市暗金川开发区148号**

法定代表: **李源**

联系电话: **0471-87631800**

需方(盖章)

税　　号: **253100098765760286**

开户银行: **交通银行南京上元路支行**

银行账号: **6220000526782987947**

地　　址: **南京市江宁区上元路48号**

法定代表: **李金泽**

联系电话: **025-89820888**

图 2-10 【1 月 10 日业务】原始凭证 1

内蒙古增值税专用发票 № 39876564

3900083348

3900083348
39876564

发票联

开票日期：2023年01月10日

购买方	名 称：	南京鑫元商贸有限公司	密码区	48*7)+>-2/3-5/3750384<1948*7)+>-2//51948*7)+>5587>*8574<1945619 48*7)+>7-7<8*873/+<13-30011521948*7)+><191948*7)+>142>
	纳税人识别号：	253100098765760286		
	地 址、电话：	南京市江宁区上元路48号，025-89820888		
	开户行及账号：	交通银行南京上元路支行，6220000526782987947		

货物成应税劳务、服务名称	规格型号	单位	数量	单价	金额	税率	税额
*食品类产品*伊利200mL安慕希酸奶	1*24	箱	400	84.00	33600.00	13%	4368.00
合 计					￥33600.00		￥4368.00
价税合计（大写）	⊗ 人民币叁万柒仟玖佰陆拾捌元整				三（小写）	￥37968.00	

销售方	名 称：	内蒙古伊利乳业有限公司	备注	
	纳税人识别号：	3903005457313475567		
	地 址、电话：	呼和浩特市曙金川开发区148号，0471-87631800		
	开户行及账号：	交通银行呼和浩特金川支行，2300600236934526237		

收款人：（略） 复核：（略） 开票人：（略） 销售方：（章）

图 2-11 【1 月 10 日业务】原始凭证 2

入 库 单

2023 年 01 月 10 日

单号 4568

交来单位及部门	内蒙古伊利乳业有限公司		发票号码或生产单号码	（无）		验收仓库	乳制品库	入库日期	2023年01月10日
编号	名称及规格		单位	数 量		单价	金额	备 注	
				交库	实收				
1	伊利200mL安慕希酸奶		箱	400	400				
合 计				400	400	—	—		

部门经理：（略） 会计：（略） 仓库：（略） 经办人：（略）

图 2-12 【1 月 10 日业务】原始凭证 3

【任务 2.8】　12 日,销售部张立与华联超市签订销售合同。取得相关凭证如图 2-13
所示。

购销合同

供货方: **南京鑫元商贸有限公司**　　　　　　合同号: **XS003**

购买方: **南京华联超市有限公司**　　　　　　签订日期: **2023 年 01 月 12 日**

为保护买卖双方的合法权益,买卖双方根据《中华人民共和国合同法》的有关规定,经友好协商,一致同意签订本合同并共同遵守。

一、商品的名称、数量及金额

商品名称	规格型号	计量单位	数量	单价（不含税）	金额（不含税）	税率	税额
伊利200mL安慕希酸奶	1*24	箱	500	108.00	54000.00	13%	7020.00
合计			500	—	￥54000.00	—	￥7020.00

货款总计（大写）: **人民币陆万壹仟零贰拾元整**　　　　（小写）: **￥61020.00**

二、质量验收标准: 按国家行业标准执行。

三、交货日期: **2023 年 01 月 14 日**。

四、交货地点: **南京华联超市有限公司**。

五、结算方式: **转账支票,付款时间: 2023 年 02 月 12 日**。

六、发运方式及费用承担: **买方自提,相关费用由购买方承担**。

七、其　他: **存在商品质量及溢余等情况,经双方协商,另行解决**。

八、违约条款: 违约方须赔偿对方一切经济损失。但遇天灾人祸或其他人力不能控制之因素而导致延误交货,需方不能要求供方赔偿任何损失。

九、合同纠纷解决方式: 经双方协商解决,如协商不成的,可向当地仲裁委员会提出申诉解决。

十、本合同一式两份,双方各执一份,自签订之日起生效。

供方（盖章）

税　号: 25310009876576O286

开户银行: **交通银行南京上元路支行**

银行账号: **622000052678298794**

地　址: **南京市江宁区上元路48号**

法定代表: **李金泽**

联系电话: **025-89820888**

需方（盖章）

税　号: 250104735760887342

开户银行: **交通银行南京中山路支行**

银行账号: **737231018260002493**

地　址: **南京泰淮区中山路46号**

法定代表: **章伟**

联系电话: **025-67617288**

图 2-13 【1 月 12 日业务】原始凭证

【任务 2.9】 13 日,伊利 200 mL 安慕希酸奶 10 箱有质量问题,办理退货。取得相关凭证如图 2-14、图 2-15 所示。

图 2-14 【1 月 13 日业务】原始凭证 1

图 2-15 【1 月 13 日业务】原始凭证 2

【任务 2.10】　14 日,向华联超市发货。取得相关凭证如图 2-16、图 2-17 所示。

图 2-16 【1 月 14 日业务】原始凭证 1

图 2-17 【1 月 14 日业务】原始凭证 2

【任务 2.11】 15 日,收到欧尚超市货款(收款单与核销合并制单)。取得相关凭证如图 2-18 所示。

图 2-18 【1 月 15 日业务】原始凭证

【任务 2.12】 17 日,收到 2022 年 12 月 18 日入库的君乐宝 200 mL 香蕉牛奶的发票。取得相关凭证如图 2-19 所示。

图 2-19 【1 月 17 日业务】原始凭证

【任务 2.13】 22 日,采购部叶敏与光明乳业签订采购合同。取得相关凭证如图 2-20 所示。

购销合同

供货方: 上海光明乳业有限公司   合同号: **CG003**

购买方: 南京鑫元商贸有限公司   签订日期: **2023 年 01 月 22 日**

为保护买卖双方的合法权益,买卖双方根据《中华人民共和国合同法》的有关规定,经友好协商,一致同意签订本合同并共同遵守。

一、商品的名称、数量及金额

商品名称	规格型号	计量单位	数量	单价(不含税)	金额(不含税)	税率	税额
光明200mL优倍牛奶	1*24	箱	200	84.00	16800.00	13%	2184.00
合 计			200	—	￥16800.00	—	￥2184.00

货款总计(大写): 人民币壹万捌仟玖佰捌拾肆元整   (小写): ￥18984.00

二、质量验收标准: 按国家行业标准执行。

三、交货日期: **2023 年 01 月 28 日。**

四、交货地点: **南京鑫元商贸有限公司。**

五、结算方式: **电汇,付款时间: 2023 年 02 月 28 日。**

六、发运方式及费用承担: **公路运输,相关费用由供货方承担。**

七、其 他: **存在商品质量及溢余等情况,经双方协商,另行解决。**

八、违约条款: 违约方须赔偿对方一切经济损失。但遇天灾人祸或其他人力不能控制之因素而导致延误交货,需方不能要求供方赔偿任何损失。

九、合同纠纷解决方式: 经双方协商解决,如协商不成的,可向当地仲裁委员会提出申诉解决。

十、本合同一式两份,双方各执一份,自签订之日起生效。

供方(盖章)

税 号: **21011577321663463**

开户银行: **中国银行上海吴中路支行**

银行账号: **27060059797934526278**

地 址: **上海闵行区吴中路378号**

法定代表: **王宏**

联系电话: **021-60483388**

需方(盖章)

税 号: **25310009876576020286**

开户银行: **交通银行南京上元路支行**

银行账号: **62200052678298794947**

地 址: **南京市江宁区上元路48号**

法定代表: **李金泽**

联系电话: **025-89820888**

图 2-20 【1 月 22 日业务】原始凭证

【任务 2.14】 25 日，采购部叶敏与君乐宝乳业签订采购合同。取得相关凭证如图 2-21、图 2-22 所示。

2

购销合同

供货方：**石家庄君乐宝乳业有限公司**　　　　合同号：**CG004**

购买方：**南京鑫元商贸有限公司**　　　　　　签订日期：**2023 年 01 月 25 日**

为保护买卖双方的合法权益，买卖双方根据《中华人民共和国合同法》的有关规定，经友好协商，一致同意签订本合同并共同遵守。

一、商品的名称、数量及金额

商 品 名 称	规格型号	计量单位	数 量	单 价（不含税）	金 额（不含税）	税率	税 额
君乐宝200mL优致牧场纯牛奶	1*24	箱	200	48.00	9600.00	13%	1248.00
合　　　　计			200	—	￥9600.00		￥1248.00

货款总计（大写）：人民币壹万零捌佰肆拾捌元整　　　　　　（小写）：￥10848.00

二、质量验收标准：按国家行业标准执行。

三、交货日期：**2023 年 01 月 25 日**。

四、交货地点：**南京鑫元商贸有限公司**。

五、结算方式：**电汇，付款时间：2023 年 02 月 25 日**。

六、发运方式及费用承担：**公路运输，相关费用由供货方承担**。

七、其　他：**存在商品质量及溢余等情况，经双方协商，另行解决**。

八、违约条款：违约方须赔偿对方一切经济损失。但遇天灾人祸或其他人力不能控制之因素而导致延误交货，需方不能要求供方赔偿任何损失。

九、合同纠纷解决方式：经双方协商解决，如协商不成的，可向当地仲裁委员会提出申诉解决。

十、本合同一式两份，双方各执一份，自签订之日起生效。

供方（盖章）

税　号：130185723354486886

开户银行：交通银行石家庄支行

银行账号：0402022029249363661

地　址：河北石家庄市石铜路68号

法定代表：张群

联系电话：0311-83830123

需方（盖章）

税　号：25310009876576O286

开户银行：交通银行南京上元路支行

银行账号：6220000526782287947

地　址：南京市江宁区上元路48号

法定代表：李金泽

联系电话：025-89820888

图 2-21 【1 月 25 日业务】原始凭证 1

入　库　单

2023 年　01 月　25 日

单号　4570

交来单位及部门	石家庄君乐宝乳业有限公司		发票号码或生产单号码	（无）		验收仓库	乳制品库	入库日期	2023年01月25日	
编号	名称及规格		单位	数量		单价	金额	备注		会
				交库	实收					
1	君乐宝200mL优致牧场纯牛奶		箱	200	200					计
										联
合　　计				200	200	——	0	——		

部门经理：（略）　　　　会计：（略）　　　　仓库：（略）　　　　经办人：（略）

图 2-22 【1 月 25 日业务】原始凭证 2

【任务 2.15】　28 日，收到从光明乳业采购的商品，经验收损坏 1 箱，属于合理损耗。取得相关凭证如图 2-23、图 2-24 所示。

图 2-23 【1 月 28 日业务】原始凭证 1

入 库 单

2023 年 01 月 28 日

单号 4570

交来单位及部门	石家庄君乐宝乳业有限公司		发票号码或生产单号码	（无）		验收仓库	乳制品库	入库日期	2023年01月28日
编号	名称及规格		单位	数量		单价	金额		备注
				交库	实收				
1	光明200mL优倍牛奶		箱	199	199				
	合　　　计			199	199	—	0		—

部门经理：（略）　　　会计：（略）　　　仓库：（略）　　　经办人：（略）

图 2−24 【1 月 28 日业务】原始凭证 2

【任务 2.16】 31 日，支付货款。取得相关凭证如图 2−25 所示。

交通银行 银行电汇凭证（回单）

1

委托日期 2023 年 01 月 31 日　　　No. 76567836

汇款人	全　称	南京鑫元商贸有限公司	收款人	全　称	上海光明乳业有限公司
	账　号	6220000526782987947		账　号	2700600597934526278
	汇出地点	江苏 省　南京 市/县		汇入地点	上海 省　闵行 市/县
	汇出行名称	交通银行南京上元路支行		汇入行名称	中国银行上海吴中路支行

金额	人民币（大写）	贰万柒仟壹佰贰拾元整	亿 千 百 十 万 千 百 十 元 角 分
			￥ 2 7 1 2 0 0 0

交通银行南京上元路支行
2023.01.31
转讫

支付密码

附加信息及用途：
支付货款

汇出行签章

此联汇出行给汇款人的回单

图 2−25 【1 月 31 日业务】原始凭证

【任务 2.17】　31 日,处理本月暂估业务。

【任务 2.18】　31 日,计提坏账准备。

【任务 2.19】　31 日,结转期间损益。(收入和支出分别结转)

三、会计报表编制与主要财务指标分析

【总体要求】

使用 616 账套的 UFO 报表管理系统完成以下工作任务。(满分 10 分)

【工作任务】

【任务 3.1】　打开考生文件夹%testdir%下名为 zcfzb.rep 资产负债表,其中有 4 个计算公式未填写,利用账务函数定义计算公式,重新计算并保存。

【任务 3.2】　打开考生文件夹%testdir%下名为 lrb.rep 利润表,请仔细阅读计算公式,将本月数中的 2 个错误公式修改正确,重新计算并保存。

【任务 3.3】　打开考生文件夹% testdir%下名为 cwzbfxb.rep 财务指标分析表(表 2-35),定义数值计算公式,重新计算并保存。

表 2-35　财务指标分析表
2023 年 1 月

指　　标	要　　求	指标数值/%
销售净利率	利用 lrb.rep 定义表间取数公式	
净资产收益率	利用 zcfzb.rep 和 lrb.rep 定义表间取数公式	

项目三　模拟题二

第一部分　初始账套信息

一、企业背景资料介绍

（一）企业概况

山东洪福商贸有限公司（简称洪福商贸），是专门从事乳制品、果汁等饮料批发的商贸企业，公司法人代表李金泽。

公司开户银行及账号：

人民币：中国工商银行济南天桥支行，账号：6220000526782987947；

美　元：中国工商银行济南天桥支行，账号：6220000526782987616。

纳税人识别号：153100098765760688。

公司地址：济南市天桥区堤口路47号，电话：0531-89820888，邮箱：hfsm@126.com。

（二）科目设置及辅助核算要求

日记账：库存现金、银行存款。

银行账：银行存款/工行存款（人民币）、银行存款/工行存款（美元）。

客户往来：应收票据/银行承兑汇票、应收票据/商业承兑汇票、应收账款/人民币、应收账款/美元、预收账款/人民币、预收账款/美元。

供应商往来：在途物资、应付票据/商业承兑汇票、应付票据/银行承兑汇票、应付账款/一般应付款、应付账款/暂估应付款（其中，一般应付款设置为受控于应付系统，暂估应付款设置为不受控于应付系统）、预付账款、其他应付款/其他单位往来、受托代销商品款。

（三）会计凭证的基本规定

录入或生成"记账凭证"均由指定的会计人员操作，含有库存现金和银行存款科目的记账凭证均需出纳签字。采用单一格式的复式记账凭证。对已记账凭证的修改，只采用红字冲销法。为保证财务与业务数据的一致性，能在业务系统生成的记账凭证不得在总账系统直接录入。根据原始单据生成记账凭证时，除特殊规定外不采用合并制单。出库单与入库单原始凭证以软件系统生成的为准；除指定业务外，收到发票同时支付款项的业务使用现付功能处理，开出发票同时收到款项的业务使用现结功能处理。

（四）结算方式

公司采用的结算方式包括现金、支票、托收承付、委托收款、银行汇票、商业汇票、电汇等。收、付款业务由财务部门根据有关凭证进行处理,在系统中没有对应结算方式时,其结算方式为"其他"。

(五) 外币业务的处理

公司按业务发生当日的即期汇率记账,按期末汇率按月计算汇兑损益。

(六) 存货业务的处理

公司存货主要包括乳制品、果蔬汁、乳酸菌,按存货分类进行存放(代销商品除外)。各类存货按照实际成本核算,采用永续盘存制;对库存商品采用"数量进价金额核算"法,发出存货成本计价采用"先进先出法",采购入库存货对方科目全部使用"在途物资"科目,委托代销商品成本使用"发出商品"科目核算,受托代销商品使用"受托代销商品"科目核算;存货按业务发生日期逐笔记账并制单,暂估业务除外。同一批出入库业务合并生成一张记账凭证;采购、销售业务必有订单(订单号与合同编号一致),出入库业务必有发货单和到货单。

存货核算制单时不允许勾选"已结算采购入库单自动选择全部结算单上单据(包括入库单、发票、付款单),非本月采购入库单按蓝字报销单制单"选项。

新增客户或供应商编码采用连续编号方式。

(七) 财产清查的处理

公司期末对存货及固定资产进行清查,根据盘点结果编制"盘点表",并与账面数据进行比较,由库存管理员审核后进行处理。

(八) 坏账损失的处理

除应收账款外,其他的应收款项不计提坏账准备。期末,按应收账款余额百分比法计提坏账准备,提取比例为 0.5%。

(九) 损益类科目的结转

每月末将各损益类科目余额转入"本年利润"科目,结转时按收入和支出分别生成记账凭证。

二、账套用户及权限(表 3-1)

表 3-1 操作员及权限分工

操作员编号	操作员姓名	隶属部门	职务	操作分工
A01	李金泽	总经办	总经理	账套主管
W01	宋清	财务部	财务经理	凭证审核,总账结账
W02	黄小明	财务部	会计	总账(填制、查询凭证、账表、期末处理、记账)、应收应付系统权限,存货核算、UFO报表权限
W03	李卉	财务部	出纳	总账(出纳签字),应收应付系统的票据管理,收、付款单填制权限(卡片编辑、卡片删除、卡片查询、列表查询)
G01	叶敏	采购部	采购部	采购管理的全部权限
X01	张立	销售部	销售部	销售管理的全部权限
C01	李红	仓储部	库管员	库存管理的全部权限 公用目录和公共单据权限

备注:取消【仓库】【科目】【工资权限】及【用户】的记录级数据权限控制。

三、建账资料

账套号：600。

账套名称：山东洪福商贸有限公司。

启用日期：2023 年 01 月 01 日。

企业类型：商业企业。

行业性质：2007 年新会计制度科目。

基础信息：存货、客户、供应商是否分类(是)，是否有外币核算(是)。

编码方案：科目编码级次 4－2－2－2，收发类别编码级次 1－2，其他采用系统默认。

数据精度：采用系统默认。

启用系统：总账、应收、应付、采购、销售、库存、存货系统。

四、基础档案设置

(一) 机构人员

1. 设置部门档案(表 3－2)

表 3－2　部 门 档 案

部门编码	部门名称
1	总经办
2	财务部
3	采购部
4	销售部
5	仓储部

2. 设置人员类别(表 3－3)

表 3－3　人 员 类 别 资 料

分类编码	分类名称
10101	管理人员
10102	采购人员
10103	销售人员

3. 设置人员档案(表 3－4)

表 3－4　人 员 档 案

人员编码	人员名称	所属部门	人员类别	性别	是否业务员	业务或费用部门
101	李金泽	总经办	管理人员	男	是	总经办
201	宋 清	财务部	管理人员	男	是	财务部
202	黄小明	财务部	管理人员	男	是	财务部

3

续 表

人员编码	人员名称	所属部门	人员类别	性别	是否业务员	业务或费用部门
203	李 卉	财务部	管理人员	女	是	财务部
301	叶 敏	采购部	采购人员	女	是	采购部
302	王宏伟	采购部	采购人员	男	是	采购部
401	张 立	销售部	销售人员	男	是	销售部
402	李丽珊	销售部	销售人员	女	是	销售部
501	李 红	仓储部	管理人员	女	是	仓储部

(二)客商信息

1. 设置地区分类(表3-5)

表3-5 地区分类资料

地区分类编码	地区分类
01	山东
02	河北
03	北京
04	浙江
05	广东
06	安徽
09	境外

2. 设置客户分类(表3-6)

表3-6 客户分类资料

客户分类编码	客户分类
01	超市类
02	商贸类
03	零售商店

3. 设置客户档案(表3-7)

表3-7 客 户 档 案

客户编码	客户名称	客户简称	所属分类	所属地区	纳税人识别号	地址电话	开户银行	账 号
0001	济南华联超市有限公司	华联超市	超市	山东	3701047357 60887542	济南槐荫区张庄路46 号,0531 - 67617288	中国工商银行济南槐荫支行	7372310182 600024932

续 表

客户编码	客户名称	客户简称	所属分类	所属地区	纳税人识别号	地址电话	开户银行	账 号
0002	济南欧尚超市有限公司	欧尚超市	超市	山东	370106874 790757342	济南市花园路20号,0531-56774219	中国银行济南五峰路支行	6477620185 600024346
0003	济南沃尔玛超市有限公司	沃尔玛超市	超市	山东	370107865 230333342	济南市泉城路339号,0531-86137566	中国建设银行济南药山支行	2353670188 600024689
0004	济南大润发超市有限公司	大润发超市	超市	山东	370108321 260348342	济南2七新村南路9号,0531-82766169	中国农业银行济南泉城路支行	5893680183 600024178
0005	济南兴旺商贸公司	兴旺商贸	商贸	山东	370108321 260354856	济南市泉城路308号,0531-86137562	中国工商银行济南药山支行	6372310182 600025688
0006	济南日新商贸公司	日新商贸	商贸	山东	370108321 260368745	济南市花园路28号,0531-56774238	中国建设银行济南五峰路支行	6277620185 600022986
0007	济南聚鑫商贸公司	聚鑫商贸	商贸	山东	370108321 260376786	济南市天桥区堤口路8号,0531-45663275	中国农业银行济南天桥支行	2453670188 600023688
0008	济南同福进出口有限公司	同福进出口	商贸	山东	370108321 260488557	济南槐荫区张庄路18号,0531-67617399	中国银行济南槐荫支行	6223680183 600022768
0009	佳和便利店	佳和便利	零售商店	山东				

4. 设置供应商分类(表3-8)

表3-8 供应商分类资料

供应商分类编码	供应商分类
01	商品
01001	乳制品
01002	果蔬汁
01003	乳酸菌
09	其他

5. 设置供应商档案(表3-9)

表3-9 供应商档案

客户编码	供应商名称	供应商简称	所属分类	所属地区	纳税人识别号	地址电话	开户银行	账 号
0001	石家庄君乐宝乳业有限公司	君乐宝乳业	01001	河北	1301857233 54486453	河北石家庄市石铜路68号,0311-83830123	中国工商银行石家庄支行	0402022029 249363661

3

续　表

客户编码	供应商名称	供应商简称	所属分类	所属地区	纳税人识别号	地址电话	开户银行	账　号
0002	北京汇源果汁有限公司	汇源果汁	01002	北京	120115777321663435	北京顺义区北小营16号,010-60483388	中国银行顺义东兴支行	2700600597934526278
0003	农夫山泉有限公司	农夫山泉	01002	浙江	340300545731347789	杭州市曙光路148号,0571-87631800	招商银行西溪支行	2300600236934526237
0004	广州喜乐食品有限公司	喜乐食品	01003	广东	440300588731555786	广州金华一街3号,020-82821822	中国工商银行广州经济技术开发区支行	3602005090026669884
0005	济南华联超市有限公司	华联超市	01002	山东	370104735760887542	济南槐荫区张庄路46号,0531-67617288	中国工商银行济南槐荫支行	7372310182600024932
0006	富光实业有限公司	富光实业	09	安徽	340123713922232453	安徽省合肥市肥西县三河镇北街169号,0551-68759028	中国农业银行安徽省肥西县三河分理处	1228320104000012987

(三)存货信息

1. 设置存货分类(表3-10)

表3-10　存货分类资料

分类编码	分类名称
01	商品
0101	乳制品
0102	果蔬汁
0103	乳酸菌
09	其他

2. 设置计量单位组(表3-11)

表3-11　计量单位组资料

计量单位组编码	计量单位组名称	计量单位组类别	计量单位编码	计量单位
01	自然单位	无换算	01	箱
01	自然单位	无换算	02	公里
01	自然单位	无换算	03	个

3. 设置存货档案(表 3-12)

表 3-12 存 货 档 案

分类编码	所属类别	存货编码	存 货 名 称	计量单位	税率	规格	存货属性
0101	乳制品	0001	君乐宝 200 mL 原味开啡尔酸奶	箱	13%	1×24	外购、内销
		0002	君乐宝 200 mL 优致牧场纯牛奶	箱	13%	1×24	外购、内销
		0003	君乐宝 200 mL 香蕉牛奶	箱	13%	1×24	外购、内销
0102	果蔬汁	0004	汇源 2.5 L 30%山楂汁	箱	13%	1×6	外购、内销
		0005	汇源 2 L 100%橙汁	箱	13%	1×6	外购、内销
		0006	汇源 1 L 100%苹果汁	箱	13%	1×12	外购、内销
		0007	汇源 1 L 100%葡萄汁	箱	13%	1×12	外购、内销
		0008	汇源 1 L 100%橙+苹果礼盒装	箱	13%	1×6×6	外购、内销
		0009	汇源 1 L 100%桃+葡萄礼盒装	箱	13%	1×6×6	外购、内销
		0010	汇源 450 mL 冰糖葫芦汁	箱	13%	1×15	外购、内销
		0011	农夫果园 380 mL 100%番茄果蔬汁	箱	13%	1×24	外购、内销、受托代销
		0012	农夫果园 380 mL 100%橙汁	箱	13%	1×24	外购、内销、受托代销
		0013	农夫果园 380 mL 30%混合果蔬汁	箱	13%	1×24	外购、内销、受托代销
0103	乳酸菌	0014	喜乐 368 mL 蓝莓味	箱	13%	1×24	外购、内销
		0015	喜乐 368 mL 香橙味	箱	13%	1×24	外购、内销
		0016	喜乐 368 mL 原味	箱	13%	1×24	外购、内销
09	其他	0017	运输费	公里	9%		外购、内销、应税劳务
		0018	富光 500 mL 太空杯	个	13%		外购、内销

(四)财务信息

1. 需要增加和修改的会计科目(表 3-13)

表 3-13 需要增加和修改的会计科目资料

科目编码	科目名称	外币币种	辅助账类型	账页格式	余额方向	受控系统	银行账	日记账
1001	库存现金			金额式	借			Y
1002	银行存款			金额式	借		Y	Y
100201	工行存款(人民币)			金额式	借		Y	Y
100202	工行存款(美元)	美元		外币金额式	借		Y	Y
1012	其他货币资金			金额式	借			
101201	存出投资款			金额式	借			
1121	应收票据		客户往来	金额式	借	应收系统		

科目编码	科目名称	外币币种	辅助账类型	账页格式	余额方向	受控系统	银行账	日记账
112101	银行承兑汇票		客户往来	金额式	借	应收系统		
112102	商业承兑汇票		客户往来	金额式	借	应收系统		
1122	应收账款			金额式	借			
112201	人民币		客户往来	金额式	借	应收系统		
112202	美元	美元	客户往来	外币金额式	借	应收系统		
1123	预付账款			金额式	借			
112301	人民币		供应商往来	金额式	借	应付系统		
112302	美元	美元	供应商往来	外币金额式	借	应付系统		
1321	受托代销商品			金额式	借			
1481	合同资产		客户往来	金额式	借	应收系统		
2001	短期借款			金额式	贷			
200101	中国工商银行济南天桥支行			金额式	贷			
2201	应付票据		供应商往来	金额式	贷	应付系统		
220101	银行承兑汇票		供应商往来	金额式	贷	应付系统		
220102	商业承兑汇票		供应商往来	金额式	贷	应付系统		
2202	应付账款			金额式	贷			
220201	一般应付款		供应商往来	金额式	贷	应付系统		
220202	暂估应付款		供应商往来	金额式	贷			
2203	预收账款			金额式	贷			
220301	人民币		客户往来	金额式	贷	应收系统		
220302	美元	美元	客户往来	外币金额式	贷	应收系统		
2204	合同负债		客户往来	金额式	贷	应收系统		
2211	应付职工薪酬			金额式	贷			
221101	工资			金额式	贷			
221102	社会保险			金额式	贷			
221103	职工福利			金额式	贷			
2221	应交税费			金额式	贷			
222101	应交增值税			金额式	贷			
22210101	进项税额			金额式	借			
22210102	已交税金			金额式	借			
22210103	减免税款			金额式	借			
22210104	转出未交增值税			金额式	借			
22210106	销项税额			金额式	贷			

续 表

科目编码	科目名称	外币币种	辅助账类型	账页格式	余额方向	受控系统	银行账	日记账
22210107	进项税额转出			金额式	贷			
22210108	转出多交增值税			金额式	贷			
2314	受托代销商品款		供应商往来	金额式	贷			
4104	利润分配			金额式	贷			
410415	未分配利润			金额式	贷			
6601	销售费用			金额式	借			
660101	职工薪酬			金额式	借			
660102	广告费			金额式	借			
660103	委托代销手续费			金额式	借			
660104	赠品费用			金额式	借			
660109	其他			金额式	借			
6602	管理费用			金额式	借			
660201	职工薪酬			金额式	借			
660202	办公费			金额式	借			
660209	其他			金额式	借			
6702	信用减值损失			金额式	借			

2. 设置指定科目

指定现金科目为库存现金、银行科目为银行存款。

3. 设置凭证类别

设置凭证类别为"记账凭证"。

4. 设置外币

设置外币为 USD 美元,固定汇率。

(五) 收付结算

1. 设置结算方式(表 3-14)

表 3-14　结算方式资料

编　号	结算方式名称
1	现金
2	支票
201	现金支票
202	转账支票
3	汇票
301	商业承兑汇票

3

续 表

编　号	结算方式名称
302	银行承兑汇票
4	电汇
6	委托收款
9	其他

2. 设置本单位开户银行(表 3-15)

表 3-15　单位开户银行资料

项　　目	内　　容	
企业开户银行编码	01	02
开户银行名称	中国工商银行济南天桥支行	中国工商银行济南天桥支行
账号	6220000526782987947	6220000526782987616
账户名	山东洪福商贸有限公司	山东洪福商贸有限公司
币种	人民币	美元
所属银行	中国工商银行	中国工商银行

(六) 业务信息

1. 设置仓库档案(表 3-16)

表 3-16　仓　库　档　案

仓库编码	仓库名称	计价方式
01	乳制品库	先进先出法
02	果蔬汁库	先进先出法
03	乳酸菌库	先进先出法
04	受托代销库	先进先出法
05	赠品仓库	先进先出法

2. 设置收发类别(表 3-17)

表 3-17　收发类别资料

收发类别编码	收发类别名称	收发标志	收发类别编码	收发类别名称	收发标志
1	入库	收	2	出库	发
101	采购入库	收	201	销售出库	发
102	采购退货	收	202	销售退货	发
103	盘盈入库	收	203	盘亏出库	发
104	受托代销入库	收	204	委托代销出库	发
109	其他入库	收	205	赠品出库	发
			209	其他出库	发

3. 设置采购和销售类型（表3-18）

表3-18 采购和销售类型资料

	名　称	出入库类别		名　称	出入库类别
采购类型	01 正常采购	采购入库	销售类型	01 正常销售	销售出库
	02 受托采购	受托代销入库		02 委托销售	委托代销出库
	03 采购退货	采购退货		03 销售退货	销售退货
				04 赠品销售	赠品出库

4. 设置费用项目（表3-19）

表3-19 费用项目资料

费用项目分类编码	费用项目分类名称	费用项目编码	费用项目名称
0	无分类	02	委托代销手续费

5. 设置非合理损耗类型（表3-20）

表3-20 非合理损耗类型资料

非合理损耗类型编码	非合理损耗类型名称
01	运输部门责任

五、单据设置

（一）设置单击格式

修改销售订单、销售专用发票、发货单表头汇率。

（二）单据编号设置

（1）采购订单，采购（专用，普通）发票，完全手工编号。

（2）销售订单，销售（专用，普通）发票，零售日报，完全手工编号。

六、采购管理与应付款管理初始设置

（一）采购管理

（1）设置采购选项：启用受托代销，允许超订单到货及入库，其他默认。

（2）录入期初采购入库单。

2022 年 12 月 18 日，采购部叶敏采购君乐宝 200 mL 香蕉牛奶 200 箱，不含税单价 36 元/箱，已入乳制品库，正常采购，入库类别为采购入库，购自君乐宝乳业有限公司，采购发票未到，款未付。

（3）采购期初记账。

（二）应付款管理

1. 设置选项

单据审核日期依据单据日期，自动计算现金折扣，勾选核销生成凭证；其他参数为系统默认。

2. 设置科目

(1) 基本科目设置：应付科目为 220201，预付科目为 112301，税金科目为 22210101；采购科目为 1402；现金折扣科目为 6603；银行承兑科目为 220101；商业承兑科目为 220102。

(2) 控制科目设置：应付科目为 220201；预付科目为 112301。

(3) 产品科目设置：采购科目为 1402，税金科目为 22210101。

(4) 结算科目设置：现金对应 1001；现金支票、转账支票、电汇、其他对应 100201。

3. 录入期初余额(表 3-21、表 3-22)

表 3-21　应付账款———般应付款(220201)期初余额

日　期	供应商简称	摘　　要	方向	金额/元
2022-12-08	君乐宝乳业	业务员王宏伟，购入君乐宝 200 mL 优致牧场纯牛奶 200 箱，不含税单价 52.8 元/箱，票号 55438098	贷	11 932.80
2022-12-21	汇源果汁	业务员王宏伟，购入汇源 2 L 100%橙汁 300 箱，不含税单价 108 元/箱，票号 11238744	贷	36 612.00

表 3-22　预付账款(112301)期初余额

日　期	供应商简称	摘　　要	方向	金额/元	结算方式
2022-12-17	喜乐食品	预付喜乐食品货款，票号 19782436	借	2 000.00	电汇

七、销售管理与应收款管理初始设置

(一) 销售管理

设置销售选项：有零售日报业务，有委托代销业务，有销售调拨业务；取消销售生成出库单；新增退货单参照发货单，新增发票参照订单。

(二) 应收款管理

1. 设置参数

单据审核日期依据单据日期，自动计算现金折扣；坏账处理方式为应收账款余额百分比；勾选核销生成凭证；其他参数为系统默认。

2. 设置科目

(1) 基本科目设置：应收科目为 112201，预收科目为 2204，税金科目为 22210106；销售收入科目为 6001；销售退回科目为 6001；坏账入账科目为 1231；银行承兑科目为 112101；商业承兑科目 112102。

(2) 控制科目设置：济南同福进出口有限公司应收科目为 112202，预收科目为 220302；其余客户的应收科目为 112201，预收科目为 2204。

(3) 产品科目设置：乳制品、果蔬汁、乳酸菌的销售收入科目均为 6001，应交增值税科目为 22210106，销售退回科目为 6001。

(4) 结算科目设置：现金对应 1001；现金支票、转账支票、电汇、其他均对应 100201。

(5) 坏账准备设置：提取比例为 0.5%，坏账准备期初余额为 520.00，坏账准备科目为 1231，对方科目为 6702。

3. 录入期初余额（表 3-23～表 3-25）

表 3-23 应收账款(112201)期初余额

日 期	客户简称	摘 要	方向	金额/元
2022-12-18	沃尔玛超市	销售君乐宝 200 mL 原味开啡尔酸奶 300 箱，不含税单价 96 元/箱，票号 32567787	借	32 544.00
2022-12-30	兴旺商贸	销售汇源 1 L 100% 橙+苹果礼盒装 200 箱，不含税单价 468 元/箱，票号 21075648	借	105 768.00

表 3-24 合同负债(2204)期初余额

日 期	客户简称	摘 要	方向	金额/元	结算方式
2022-12-31	华联超市	收到华联超市预付的货款，票号 51894748	贷	5 000.00	转账支票

表 3-25 应收票据(112101)期初余额

日 期	客户简称	摘 要	方向	金额/元	结算方式
2022-11-08	欧尚超市	收到欧尚超市签发的中国银行承兑汇票，签发日期 2022-11-08，到期日 2023-02-08，票号 35678332	借	8 424.00	银行承兑汇票

八、库存管理与存货核算初始设置

(一) 库存管理

1. 设置参数

有受托代销业务，有委托代销业务。修改现存量时点为采购入库审核、销售出库审核、其他出入库审核时。

2. 录入库存期初数据（表 3-26）

表 3-26 库存期初资料

分类编码	所属类别	存货编码	存货名称	计量单位	税率	规格	数量		单价		金额/元
							件数	主数量	件价格/元	主价格/元	
101	乳制品	0001	君乐宝 200 mL 原味开啡尔酸奶（入 01 库）	箱	13%	1×24	120	2 880	60.00	2.50	7 200.00
		0002	君乐宝 200 mL 优致牧场纯牛奶（入 01 库）	箱	13%	1×24	100	2 400	52.80	2.20	5 280.00
		0003	君乐宝 200 mL 香蕉牛奶（入 01 库）	箱	13%	1×24	280	6 720	36.00	1.50	10 080.00

续　表

分类编码	所属类别	存货编码	存货名称	计量单位	税率	规格	数量		单价		金额/元
							件数	主数量	件价格/元	主价格/元	
102	果蔬汁	0004	汇源 2.5 L 30％山楂汁（入 02 库）	箱	13％	1×6	300	1 800	60.00	10.00	18 000.00
		0005	汇源 2 L 100％橙汁（入 02 库）	箱	13％	1×6	100	800	108.00	18.00	10 800.00
		0006	汇源 1 L 100％苹果汁（入 02 库）	箱	13％	1×12	200	2 400	120.00	10.00	24 000.00
		0007	汇源 1 L 100％葡萄汁（入 02 库）	箱	13％	1×12	240	2 880	120.00	10.00	28 800.00
		0008	汇源 1 L 100％橙＋苹果礼盒装（入 02 库）	箱	13％	1×6×6	160	5 760	360.00	10.00	57 600.00
		0009	汇源 1 L 100％桃＋葡萄礼盒装（入 02 库）	箱	13％	1×6×6	180	6 480	360.00	10.00	64 800.00
		0010	汇源 450 mL 冰糖葫芦汁（入 02 库）	箱	13％	1×15	140	2 100	42.00	2.80	5 880.00
		0011	农夫果园 380 mL 100％番茄果蔬汁（入 04 库）	箱	13％	1×24	150	3 600	108.00	4.50	16 200.00
		0012	农夫果园 380 mL 100％橙汁（入 04 库）	箱	13％	1×24	200	4 800	108.00	4.50	21 600.00
		0013	农夫果园 380 mL 30％混合果蔬汁（入 04 库）	箱	13％	1×24	150	3 600	84.00	3.50	12 600.00
103	乳酸菌饮料	0014	喜乐 368 mL 蓝莓味（入 03 库）	箱	13％	1×24	200	4 800	117.60	4.90	23 520.00
		0015	喜乐 368 mL 香橙味（入 03 库）	箱	13％	1×24	300	7 200	117.60	4.90	35 280.00
		0016	喜乐 368 mL 原味（入 03 库）	箱	13％	1×24	150	3 600	110.40	4.60	16 560.00
			合　计				2 970	61 820			358 200.00

（二）存货核算

1. 设置参数

暂估方式为单到回冲，销售成本核算方式为销售发票，其余默认。

2. 录入期初数据

同库存管理期初数据。

3. 设置科目

（1）设置存货科目。

乳制品库、果蔬汁库、乳酸菌库、赠品仓库的存货科目为"1405 库存商品"。

乳制品库、果蔬汁库、乳酸菌库的发出商品科目为"1406 发出商品"。

乳制品库、果蔬汁库、乳酸菌库的直运科目为"1402 在途物资"。

受托代销库的存货科目为"1321 受托代销商品"。

（2）设置存货对方科目。

采购退货的对方科目为"1402 在途物资"。

盘盈入库的对方科目为"1901 待处理财产损溢"。

受托代销入库的对方科目、暂估科目均为"2314 受托代销商品款"。

销售出库、销售退货、委托代销出库的对方科目均为"6401 主营业务成本"。

盘亏出库的对方科目为"1901 待处理财产损溢"。

赠品出库的对方科目为"660104 赠品费用"。

（3）设置税金科目。

乳制品、果蔬汁、乳酸菌、其他的税金科目为"22210101 进项税额"。

4. 存货期初记账

完成存货期初记账。

九、总账管理系统初始设置

（一）设置参数

取消制单序时控制，取消允许修改、作废他人填制的凭证。

（二）录入期初余额

1. 总账账户期初余额（表 3-27）

表 3-27　期初余额表

科 目 名 称	方向	期初余额/元
库存现金（1001）	借	10 000.00
银行存款（1002）	借	
工行存款（人民币）（100201）	借	456 654.40
其他货币资金（1012）	借	
存出投资款（101201）	借	50 000.00
应收票据（1121）	借	8 424.00
银行承兑汇票（112101）	借	
应收账款（1122）	借	
人民币（112201）	借	138 312.00
美元（112202）	借	
坏账准备（1231）	贷	520.00
预付账款（1123）	借	2 000.00
库存商品（1405）	借	358 200.00

3

续　表

科　目　名　称	方向	期初余额/元
受托代销商品(1321)	借	50 400.00
发出商品	借	
固定资产(1601)	借	847 000.00
累计折旧(1602)	贷	156 503.40
短期借款(2001)	贷	
中国工商银行济南天桥支行(200101)	贷	
应付账款(2202)	贷	
一般应付款(220201)	贷	48 544.80
暂估应付款(220202)	贷	7 200.00
合同负债(2204)	贷	5 000.00
受托代销商品款(2314)	贷	50 400.00
实收资本(4001)	贷	1 600 000.00
资本公积(4002)	贷	
利润分配(4104)	贷	
未分配利润(410415)	贷	52 822.20

2. 辅助核算账户期初余额(表 3-28～表 3-34)

表 3-28　应收账款(112201)期初余额

日　期	客户简称	摘　　要	方向	金额/元
2022-12-18	沃尔玛超市	销售君乐宝 200 mL 原味开啡尔酸奶 300 箱,不含税单价 96 元/箱,票号 32567787	借	32 544.00
2022-11-30	欧尚超市	销售汇源 1 L 100%橙＋苹果礼盒装 200 箱,不含税单价 468 元/箱,票号 21075648	借	105 768.00

表 3-29　合同负债(2204)期初余额

日　期	客户简称	摘　　要	方向	金额/元	结算方式
2022-12-31	华联超市	收到华联超市预付的货款,票号 518947	贷	5 000.00	转账支票

表 3-30 应收票据(112101)期初余额

日 期	客户简称	摘 要	方向	金额/元	结算方式
2022-11-08	欧尚超市	收到欧尚超市签发的银行承兑汇票,签发日期 2022-11-08,到期日 2023-02-08,票号 35678332	借	8 424.00	银行承兑汇票

表 3-31 应付账款——一般应付款(220201)期初余额

日 期	供应商简称	摘 要	方向	金额/元
2022-12-08	君乐宝乳业	业务员王宏伟,购入君乐宝 200 mL 优致牧场纯牛奶 200 箱,不含税单价 52.8 元/箱,票号 55438098	贷	11 932.80
2022-12-21	汇源果汁	业务员王宏伟,购入汇源 2 L 100% 橙汁 300 箱,108 元/箱,票号 11238744	贷	36 612.00

表 3-32 应付账款——暂估应付款(220202)期初余额

日 期	供应商简称	摘 要	方向	金额/元
2022-12-18	君乐宝乳业	购入君乐宝 200 mL 香蕉牛奶	贷	7 200.00

表 3-33 预付账款(112301)期初余额

日 期	供应商简称	摘 要	方向	金额/元	结算方式
2022-12-17	喜乐食品	预付喜乐食品货款,票号 19782436	借	2 000.00	电汇

表 3-34 受托代销商品款(2314)期初余额

日 期	供应商简称	摘 要	方向	金额/元
2022-12-31	农夫山泉	受托代销农夫山泉系列果蔬汁	贷	50 400.00

(三) 设置期间损益转账定义

定义"期间损益结转"凭证,本年利润科目设置为"4103 本年利润"。

第二部分 试 题 题 面

一、系统初始化

【总体要求】

使用 600 账套的总账、采购管理、销售管理、库存管理、存货核算、应收款管理、应付款管

理系统完成以下初始化任务。（满分 20 分）

【工作任务】

【任务 1.1】　设置付款条件（表 3 - 35）。

表 3 - 35　付 款 条 件

付款条件编码	信用天数	优惠天数 1	优惠率 1	优惠天数 2	优惠率 2
01	30	10	2	20	1

【任务 1.2】　增加结算方式（表 3 - 36）

表 3 - 36　结 算 方 式

结算方式编码	结算方式名称
5	托收承付

【任务 1.3】　将销售管理中的商品取价方式调整为按"价格政策"，并且"使用批量打折"。

【任务 1.4】　将销售选项中设置为"有直运销售业务"。

【任务 1.5】　设置收发类别为"采购入库"的存货对方科目和暂估科目。

【任务 1.6】　在应收款管理系统中设置：现金折扣科目。

【任务 1.7】　在应付款管理系统中设置：汇兑损益科目。

【任务 1.8】　设置库存管理"按仓库控制盘点参数"，并将乳制品类存货期末盘点设置为"每月 28 号盘点一次"。

【任务 1.9】　设置委托代销成本核算方式为"按发出商品核算"。

【任务 1.10】　增加费用项目（表 3 - 37）。

表 3 - 37　费 用 项 目

费用项目编码	费用项目名称	费用项目分类名称
01	运输费	无分类

二、业务处理与会计核算

【总体要求】

使用 600 账套的总账、采购管理、销售管理、库存管理、存货核算、应收款管理、应付款管理系统完成以下工作任务。（满分 70 分）

【工作任务】

对山东洪福商贸有限公司 2023 年 1 月份业务进行处理。

【任务 2.1】　2 日，采购部主管叶敏与汇源果汁签订合同，于当日收到增值税发票和代垫运输费专用发票（合并制单），款项以电汇方式支付（不使用现付功能处理）。取得相关凭证如图 3 - 1～图 3 - 5 所示。

【任务 2.2】　5 日，销售部主管张立与华联超市签订销售合同。取得相关凭证如图 3 - 6～图 3 - 9 所示。

购销合同

供货方：**北京汇源果汁有限公司**　　　　　合同号：**CG0001**

购买方：**山东洪福商贸有限公司**　　　　　签订日期：**2023年01月02日**

为保护买卖双方的合法权益，买卖双方根据《中华人民共和国合同法》的有关规定，经友好协商，一致同意签订本合同并共同遵守。

一、商品的名称、数量及金额

商 品 名 称	规格型号	计量单位	数 量	单 价（不含税）	金 额（不含税）	税率	税 额
汇源2L100%橙汁	1*6	箱	1000	145.00	145000.00	13%	18850.00
汇源1L100%苹果汁	1*12	箱	1000	121.00	121000.00	13%	15730.00
汇源1L100%葡萄汁	1*12	箱	1000	121.00	121000.00	13%	15730.00
合　　　计			3000	—	￥387000.00	—	￥50310.00

货款总计（大写）：**人民币肆拾叁万柒仟叁佰壹拾元整**　　　　　（小写）：　￥437310.00

二、质量验收标准：**按国家行业标准执行。**

三、交货日期：**2023年01月02日。**

四、交货地点：**北京汇源果汁有限公司。**

五、结算方式：**电汇，合同签订当天支付全部货款。**

六、发运方式及费用承担：**公路运输，相关费用由供货方承担。**

七、其　　他：**存在商品质量及溢余等情况，经双方协商，另行解决。**

八、违约条款：违约方须赔偿对方一切经济损失。但遇天灾人祸或其他人力不能控制之因素而导致延误交货，需方不能要求供方赔偿任何损失。

九、合同纠纷解决方式：经双方协商解决，如协商不成的，可向当地仲裁委员会提出申诉解决。

十、本合同一式两份，双方各执一份，自签订之日起生效。

供方（盖章）　　　　　　　　　　　　　　需方（盖章）

税　　号：**120115777321663435**　　　　　税　　号：**153100098765760688**

开户银行：**中国银行顺义东兴支行**　　　　　开户银行：**中国工商银行济南天桥支行**

银行账号：**2700600597934526278**　　　　 银行账号：**6220000526782987947**

地　　址：**北京顺义区北小营16号**　　　　 地　　址：**济南市天桥区堤口路47号**

法定代表：**朱礼进**　　　　　　　　　　　　法定代表：**李金泽**

联系电话：**010-60483388**　　　　　　　　联系电话：**0531-89820888**

图 3-1 【1月2日业务】原始凭证 1

图 3-2 【1月2日业务】原始凭证 2

北京增值税专用发票

10011188				№ 07005001			10011188 07005001

发票联

开票日期：2023年01月02日

购买方	名 称：山东洪福商贸有限公司 纳税人识别号：153100098765760688 地 址、电 话：济南市天桥区堤口路47号，0531-89820888 开户行及账号：中国工商银行济南天桥支行，6220000526782987947					密码区	48*7>+>-2/3- 5/3750384<1948*7>+>-2//51948*7>+>55 87>*8574<194561948*7>+>7-7<8*873/+< 13-30011521948*7>+<191948*7>+>142>
货物或应税劳务、服务名称	规格型号	单位	数量	单价	金 额	税率	税 额
*食品类产品*汇源2L100%橙汁	1*6	箱	1000	145.00	145000.00	13%	18850.00
*食品类产品*汇源1L100%苹果汁	1*12	箱	1000	121.00	121000.00	13%	15730.00
*食品类产品*汇源1L100%葡萄汁	1*12	箱	1000	121.00	121000.00	13%	15730.00
合 计					￥387000.00		￥50310.00
价税合计（大写）	⊗人民币肆拾叁万柒仟叁佰壹拾元整					（小写）￥437310.00	
销售方	名 称：北京汇源果汁有限公司 纳税人识别号：1201157773 21663435 地 址、电 话：北京顺义区北小营16号，010-60483388 开户行及账号：中国银行顺义东兴支行，270060059793 4526278					备注	
收款人：（略）		复核：（略）		开票人：（略）	销售方：（章）		

图 3-3 【1月2日业务】原始凭证 3

北京增值税专用发票

16011189				№ 36178226			16011189 36178226

发票联

开票日期：2023年01月02日

购买方	名 称：山东洪福商贸有限公司 纳税人识别号：153100098765760688 地 址、电 话：济南市天桥区堤口路47号，0531-89820888 开户行及账号：中国工商银行济南天桥支行，6220000526782987947					密码区	48*7>+>-2/3- 5/3750384<1948*7>+>-2//51948*7>+>55 87>*8574<194561948*7>+>7-7<8*873/+< 13-30011521948*7>+<191948*7>+>142>
货物或应税劳务、服务名称	规格型号	单位	数量	单价	金 额	税率	税 额
*运输服务*运输费	0	公里	0	0	3840.00	9%	345.60
合 计					￥3840.00		￥345.60
价税合计（大写）	⊗人民币肆仟壹佰捌拾伍元陆角					（小写）￥4185.60	
销售方	名 称：北京顺丰物流有限公司 纳税人识别号：1201156663 21668886 地 址、电 话：北京市通州区郭县镇南三街2号，010-67383449 开户行及账号：中国银行通州郭县支行，270058859793 4525588					备注	
收款人：（略）		复核：（略）		开票人：（略）	销售方：（章）		

入 库 单

2023 年 01 月 02 日

单号 6601

交来单位及部门	北京汇源果汁有限公司	发票号码或生产单号		（无）			验收仓库	果蔬汁库	入库日期	2023年01月02日
编号	名称及规格	单 位	数 量		单价	金 额		备 注		会
			交 库	实 收						
0005	汇源2L100%橙汁	箱	1000	1000						计
0006	汇源1L100%苹果汁	箱	1000	1000						
0007	汇源1L100%葡萄汁	箱	1000	1000						联
合 计			3000	3000	—		—			

部门经理：（略）　　　　会计：（略）　　　　仓库：（略）　　　　经办人：（略）

图 3 - 4 【1 月 2 日业务】原始凭证 4

中国工商 银行电汇凭证（回单）

1

委托日期 **2023** 年 **01** 月 **02** 日

No. **45673638**

汇款人	全　称	山东洪福商贸有限公司		收款人	全　称	北京汇源果汁有限公司	
	账　号	6220000526782987947			账　号	2700600597934526278	
	汇出地点	山东 省　济南 市/县			汇入地点	北京 省　北京 市/县	
	汇出行名称	中国工商银行济南天桥支行			汇入行名称	中国银行顺义东兴支行	

金额	人民币（大写）	肆拾肆万壹仟肆佰玖拾伍元陆角	亿 千 百 十 万 千 百 十 元 角 分
			￥ 4 4 1 4 9 5 6 0

支付密码

附加信息及用途：

支付货款及运费

中国工商银行济南天桥支行
2023.01.02
转讫

汇出行签章

此联汇出行给汇款人的回单

图 3 - 5 【1 月 2 日业务】原始凭证 5

3

购销合同

供货方：山东洪福商贸有限公司　　合同号：XS0001

购买方：济南华联超市有限公司　　签订日期：2023年01月05日

为保护买卖双方的合法权益，买卖双方根据《中华人民共和国合同法》的有关规定，经友好协商，一致同意签订本合同并共同遵守。

一、商品的名称、数量及金额

商品名称	规格型号	计量单位	数量	单价（不含税）	金额（不含税）	税率	税额
汇源2L100%橙汁	1*6	箱	1000	240.00	240000.00	13%	31200.00
汇源1L100%苹果汁	1*12	箱	1000	200.00	200000.00	13%	26000.00
君乐宝200mL原味开啡尔酸奶	1*24	箱	100	80.00	8000.00	13%	1040.00
合计			2100	—	￥448000.00	—	￥58240.00
货款总计（大写）：人民币伍拾万陆仟贰佰肆拾元整					（小写）：￥506240.00		

二、质量验收标准：按国家行业标准执行。

三、交货日期：2023年01月05日。

四、交货地点：山东洪福商贸有限公司。

五、结算方式：转账支票，付款条件（2/10，1/10，n/30），现金折扣计算依据不含增值税。

六、发运方式及费用承担：公路运输，相关费用由供货方承担。

七、其　　他：存在商品质量及溢余等情况，经双方协商，另行解决。

八、违约条款：违约方须赔偿对方一切经济损失。但遇天灾人祸或其他人力不能控制之因素而导致延误交货，需方不能要求供方赔偿任何损失。

九、合同纠纷解决方式：经双方协商解决，如协商不成的，可向当地仲裁委员会提出申诉解决。

十、本合同一式两份，双方各执一份，自签订之日起生效。

供方（盖章）
税　号：153100098765760688
开户银行：中国工商银行济南天桥支行
银行账号：6220000526782987947
地　址：济南市天桥区堤口路47号
法定代表：李金泽
联系电话：0531-89820888

需方（盖章）
税　号：370104735760887542
开户银行：中国工商银行银行济南槐荫支行
银行账号：7372310182600024932
地　址：济南槐荫区张庄路46号
法定代表：秦辰
联系电话：0531-67617288

图3-6 【1月5日业务】原始凭证1

出 库 单

出货单位：山东洪福商贸有限公司　　　　　2023 年 01 月 05 日　　　　　　　　单号：7701

提货单位或领货部	济南华联超市有限公司		销售单号		发出仓库	果蔬汁库	出库日期	2023年01月05日	
编 号	名 称 及 规 格		单 位	数　量		单 价	金 额		会
				应 发	实 发				
0005	汇源2L100%橙汁		箱	1000	1000				计
0006	汇源1L100%苹果汁		箱	1000	1000				
									联
	合 计			2000	2000	—			

部门经理：（略）　　　　会计：（略）　　　　仓库：（略）　　　　经办人：（略）

图 3 - 7 【1 月 5 日业务】原始凭证 2

出 库 单

出货单位：山东洪福商贸有限公司　　　　　2023 年 01 月 05 日　　　　　　　　单号：7702

提货单位或领货部	济南华联超市有限公司		销售单号		发出仓库	乳制品库	出库日期	2023年01月05日	
编 号	名 称 及 规 格		单 位	数　量		单 价	金 额		会
				应 发	实 发				
0001	君乐宝200mL原味开啡尔酸奶		箱	100	100				计
									联
	合 计			100	100	—			

部门经理：（略）　　　　会计：（略）　　　　仓库：（略）　　　　经办人：（略）

图 3 - 8 【1 月 5 日业务】原始凭证 3

3

图 3-9　【1 月 5 日业务】原始凭证 4

【任务 2.3】　7 日，接银行收账通知，收到华联超市货款，根据合同结算（合并制单）。取得相关凭证如图 3-10 所示。

图 3-10　【1 月 7 日业务】原始凭证

【任务 2.4】　8日,采购部业务员王宏伟与君乐宝乳业签订采购合同。取得相关凭证如图 3-11～图 3-14 所示。

<h1 style="text-align:center">购销合同</h1>

供货方：**石家庄君乐宝乳业有限公司**　　　　合同号：**CG0002**

购买方：**山东洪福商贸有限公司**　　　　　签订日期：**2023年01月08日**

为保护买卖双方的合法权益,买卖双方根据《中华人民共和国合同法》的有关规定,经友好协商,一致同意签订本合同并共同遵守。

一、商品的名称、数量及金额

商 品 名 称	规格型号	计量单位	数 量	单 价（不含税）	金 额（不含税）	税率	税 额
君乐宝200mL原味开啡尔酸奶	1*24	箱	50	60.00	3000.00	13%	390.00
君乐宝200mL优致牧场纯牛奶	1*24	箱	40	50.00	2000.00	13%	260.00
合　　　　计			90	—	￥5000.00	—	￥650.00

货款总计（大写）：**人民币伍仟陆佰伍拾元整**　　　　（小写）：**￥5650.00**

二、质量验收标准：**按国家行业标准执行。**

三、交货日期：**2023年01月08日。**

四、交货地点：**山东洪福商贸有限公司。**

五、结算方式：**电汇,合同签订当天支付全部货款。**

六、发运方式及费用承担：**公路运输,相关费用由供货方承担。**

七、其　　　他：**存在商品质量及溢余等情况,经双方协商,另行解决。**

八、违约条款：违约方须赔偿对方一切经济损失。但遇天灾人祸或其他人力不能控制之因素而导致延误交货,需方不能要求供方赔偿任何损失。

九、合同纠纷解决方式：经双方协商解决,如协商不成的,可向当地仲裁委员会提出申诉解决。

十、本合同一式两份,双方各执一份,自签订之日起生效。

供方（盖章）　　　　　　　　　　　　需方（盖章）

税　号：**13018572335486453**　　　　　税　号：**15310009876576068**

开户银行：**中国工商银行石家庄支行**　　　开户银行：**中国工商银行济南天桥支行**

银行账号：**0402022029249363661**　　　银行账号：**6220000526782987947**

地　址：**河北石家庄市石铜路68号**　　　地　址：**济南市天桥区堤口路47号**

法定代表：**王晨**　　　　　　　　　　　法定代表：**李金泽**

联系电话：**0311-83830123**　　　　　联系电话：**0531-89820888**

图 3-11　【1月8日业务】原始凭证 1

入 库 单

2023 年 01 月 08 日

单号 6603

交来单位 及部门	石家庄君乐宝乳业有限公司		发票号码或 生产单号码	（无）			验收 仓库	乳制品库	入库 日期	2023年01月08日	
编号	名称及规格		单位	数 量		单价	金额	备 注	
				交库	实收				
0001	君乐宝200mL原味开啡尔酸奶		箱	50	50				
0002	君乐宝200mL优致牧场纯牛奶		箱	40	40				
合 计				90	90	—	—		

部门经理：（略）　　　　会计：（略）　　　　仓库：（略）　　　　经办人：（略）

图 3-12 【1 月 8 日业务】原始凭证 2

图 3-13 【1 月 8 日业务】原始凭证 3

【任务 2.5】　15 日，采购部主管叶敏与喜乐食品签订采购合同。取得凭证如图 3-15、图 3-16 所示。

中国工商 银行电汇凭证（回单） 1

委托日期 2023 年 01 月 08 日   No. 57643366

汇款人	全 称	山东洪福商贸有限公司	收款人	全 称	石家庄君乐宝乳业有限公司
	账 号	6220000526782987947		账 号	0402022029249363661
	汇出地点	山东 省 济南 市/县		汇入地点	河北 省 石家庄 市/县
	汇出行名称	中国工商银行济南天桥支行		汇入行名称	中国工商银行石家庄支行

金额	人民币（大写）伍仟陆佰伍拾元整	亿 千 百 十 万 千 百 十 元 角 分
		¥ 5 6 5 0 0 0

中国工商银行济南天桥支行
2023.01.08
转讫

支付密码
附加信息及用途：
支付货款

汇出行签章

此联汇出行给汇款人的回单

图 3-14 【1 月 8 日业务】原始凭证 4

购销合同

供货方：广州喜乐食品有限公司   合同号：CG0003
购买方：山东洪福商贸有限公司   签订日期：2023 年 01 月 15 日

为保护买卖双方的合法权益，买卖双方根据《中华人民共和国合同法》的有关规定，经友好协商，一致同意签订本合同并共同遵守。
一、商品的名称、数量及金额

商 品 名 称	规格型号	计量单位	数 量	单 价（不含税）	金 额（不含税）	税率	税 额
喜乐368mL蓝莓味	1*24	箱	50	120.00	6000.00	13%	780.00
喜乐368mL香橙味	1*24	箱	40	120.00	4800.00	13%	624.00
喜乐368mL原味	1*24	箱	60	110.00	6600.00	13%	858.00
合 计			150		¥17400.00		¥2262.00

货款总计（大写）：人民币壹万玖仟陆佰陆拾贰元整   （小写）：¥ 19662.00

二、质量验收标准：按国家行业标准执行。
三、交货日期：2023 年 01 月 20 日。
四、交货地点：山东洪福商贸有限公司。
五、结算方式：电汇，合同签订当天支付定金贰仟元整。
六、发运方式及费用承担：公路运输，相关费用由供货方承担。
七、其 他：存在商品质量及温杂等情况，经双方协商，另行解决。
八、违约条款：违约方须赔偿对方一切经济损失。但遇天灾人祸或其他人力不能控制之因素而导致延误交货，需方不能要求供方赔偿任何损失。
九、合同纠纷解决方式：经双方协商解决，如协商不成的，可向当地仲裁委员会提出申诉解决。
十、本合同一式两份，双方各执一份，自签订之日起生效。

供方（盖章）	需方（盖章）
税 号：44030058873155786	税 号：15310009876576068８
开户银行：中国工商银行广州纱济技术开发区支行	开户银行：中国工商银行济南天桥支行
银行账号：3602005090026669884	银行账号：6220000526782987947
地 址：广州金华一街3号	地 址：济南市天桥区堤口路47号
法定代表：刘面	法定代表：李金泽
联系电话：020-82821822	联系电话：0531-89820888

图 3-15 【1 月 15 日业务】原始凭证 1

图 3-16 【1月15日业务】原始凭证 2

【任务 2.6】 18日，销售部李丽珊根据淘宝订单汇总进行零售处理，客户为"佳和便利店"（使用零售日报和现结功能）。取得相关凭证如图 3-17~图 3-21 所示。

图 3-17 【1月18日业务】原始凭证 1

零售日报明细　　　NO：35050409

订货日期	品名	数量	含税单价	价税合计
2023.01.18	喜乐368mL原味	50	187.20	9360.00
2023.01.18	君乐宝200mL香蕉牛奶	50	58.50	2925.00
	合计			12285.00

图 3-18 【1月18日业务】原始凭证 2

出 库 单

出货单位：山东洪福商贸有限公司　　　2023 年 01 月 18 日　　　单号：7703

提货单位或领货部	佳和便利店	销售单号		发出仓库	乳制品库	出库日期	2023年01月18日

编 号	名 称 及 规 格	单位	数量		单 价	金 额	
			应 发	实 发			会
0003	君乐宝200mL香蕉牛奶	箱	50	50			计
							联
	合计		50	50	—		

部门经理：（略）　　会计：（略）　　仓库：（略）　　经办人：（略）

图 3 - 19 【1 月 18 日业务】原始凭证 3

出 库 单

出货单位：山东洪福商贸有限公司　　　2023 年 01 月 18 日　　　单号：7704

提货单位或领货部	佳和便利店	销售单号		发出仓库	乳酸菌库	出库日期	2023年01月18日

编 号	名 称 及 规 格	单位	数量		单 价	金 额	
			应 发	实 发			会
0016	喜乐368mL原味	箱	50	50			计
							联
	合计		50	50	—		

部门经理：（略）　　会计：（略）　　仓库：（略）　　经办人：（略）

图 3 - 20 【1 月 18 日业务】原始凭证 4

【任务 2.7】　20 日，编号为 CG0003 的采购合同到货并验收入库，于当日以电汇方式将剩余款项支付。取得相关凭证如图 3 - 22～图 3 - 24 所示。

山东增值税专用发票

1300062650　　No 35050409　　1300062650　　35050409

此联不作报销、扣税凭证使用

开票日期: 2023年01月18日

购买方			
名　　称:	佳和便利店	密码区	48*7}+)−2/3− 9875/3750384<1948*7}+)−2//51948*7}+)+5544E 45987)*8574<194561948*7}+)7−7<8*873/+<424 79{3−30011521948*7}+<191948*7}+>142}}8−
纳税人识别号:			
地　址、电话:			
开户行及账号:			

货物或应税劳务、服务名称	规格型号	单位	数量	单价	金　额	税率	税　额
*食品类产品*喜乐368mL原味	1*24	箱	50	165.66	8283.19	13%	1076.81
*食品类产品*君乐宝200mL香蕉牛奶	1*24	箱	50	51.77	2588.50	13%	336.50
合　　计					¥ 10871.69		¥ 1413.31

价税合计(大写)	⊗ 人民币壹万贰仟贰佰捌拾伍圆整	(小写)　¥ 12285.00

销售方			
名　　称:	山东洪福商贸有限公司	备注	
纳税人识别号:	1531000098765760688		
地　址、电话:	济南市天桥区堤口路47号, 0531−89820888		
开户行及账号:	中国工商银行济南天桥支行, 6220000526782987947		

收款人: (略)　　复核: (略)　　开票人: (略)　　销售方: (章)

图 3−21　【1 月 18 日业务】原始凭证 5

广东增值税专用发票

32011188　　No 07105166　　32011188　　07105166

发票联

开票日期: 2023年01月20日

购买方			
名　　称:	山东洪福商贸有限公司	密码区	48*7}+)−2/3− 5/3750384<1948*7}+)−2//51948*7}+)+55 87}*8574<194561948*7}+)7−7<8*873/+< 13−30011521948*7}+<191948*7}+)142}
纳税人识别号:	1531000098765760688		
地　址、电话:	济南市天桥区堤口路47号, 0531−89820888		
开户行及账号:	中国工商银行济南天桥支行, 6220000526782987947		

货物或应税劳务、服务名称	规格型号	单位	数量	单价	金　额	税率	税　额
*食品类产品*喜乐368mL蓝莓味	1*24	箱	50	120.00	6000.00	13%	780.00
*食品类产品*喜乐368mL香橙味	1*24	箱	40	120.00	4800.00	13%	624.00
*食品类产品*喜乐368mL原味	1*24	箱	60	110.00	6600.00	13%	858.00
合　　计					¥ 17400.00		¥ 2262.00

价税合计(大写)	⊗ 人民币壹万玖仟陆佰陆拾贰元整	(小写)　¥ 19662.00

销售方			
名　　称:	广州喜乐食品有限公司	备注	
纳税人识别号:	440300588731555786		
地　址、电话:	广州金华一街3号, 020−82821822		
开户行及账号:	中国工商银行广州经济技术开发区支行, 3602005090026669884		

收款人: (略)　　复核: (略)　　开票人: (略)　　销售方: (章)

图 3−22　【1 月 20 日业务】原始凭证 1

入 库 单

2023 年 01 月 20 日　　　　单号 6604

交来单位及部门	北京汇源果汁有限公司	发票号码或生产单号码	（无）			验收仓库	果蔬汁库	入库日期	2023年01月02日

编号	名称及规格	单位	数量		单价	金额	备注
			交库	实收			
0014	喜乐368mL蓝莓味	箱	50	50			
0015	喜乐368mL香橙味	箱	40	40			
0016	喜乐368mL原味	箱	60	60			
	合　　　计		150	150	—		—

部门经理：（略）　　会计：（略）　　仓库：（略）　　经办人：（略）

图 3-23 【1 月 20 日业务】原始凭证 2

中国工商 银行电汇凭证（回单）

委托日期 2023 年 01 月 20 日　　　No. 54889958 　1

汇款人	全称	山东洪福商贸有限公司	收款人	全称	广州喜乐食品有限公司
	账号	6220000526782987947		账号	3602005090026669884
	汇出地点	山东省 济南市/县		汇入地点	广东省 广州市/县
	汇出行名称	中国工商银行济南天桥支行		汇入行名称	中国工商银行广州经济技术开发区支行

金额 人民币（大写） 壹万柒仟陆佰陆拾贰元整　　¥1766200

支付密码

附加信息及用途：支付剩余货款

中国工商银行济南天桥支行 2023.01.20 转讫

汇出行签章

图 3-24 【1 月 20 日业务】原始凭证 3

【任务 2.8】 21 日,销售部经理张立与大润发超市签订销售合同(不使用现结功能)。取得相关凭证如图 3-25～图 3-28 所示。

购销合同

供货方: 山东洪福商贸有限公司　　　　　　合同号: XS0002

购买方: 济南大润发超市有限公司　　　　　签订日期: 2023年01月21日

为保护买卖双方的合法权益,买卖双方根据《中华人民共和国合同法》的有关规定,经友好协商,一致同意签订本合同并共同遵守。

一、商品的名称、数量及金额

商品名称	规格型号	计量单位	数量	单价(不含税)	金额(不含税)	税率	税额
汇源1L100%苹果汁	1*12	箱	200	180.00	36000.00	13%	4680.00
汇源1L100%葡萄汁	1*12	箱	1200	180.00	216000.00	13%	28080.00
汇源1L100%橙+苹果礼盒装	1*6*6	箱	100	605.00	60500.00	13%	7865.00
汇源1L100%桃+葡萄礼盒装	1*6*6	箱	100	605.00	60500.00	13%	7865.00
合计			1600	—	373000.00	—	48490.00

货款总计(大写): 人民币肆拾贰万壹仟肆佰玖拾元整　　　　　(小写): ￥421490.00

二、质量验收标准: 按国家行业标准执行。

三、交货日期: 2023年01月21日。

四、交货地点: 济南大润发超市有限公司。

五、结算方式: 银行承兑汇票,合同签订当天支付全部货款。

六、发运方式及费用承担: 公路运输,相关费用由供货方承担。

七、其　　他: 存在商品质量及溢余等情况,经双方协商,另行解决。

八、违约条款: 违约方须赔偿对方一切经济损失。但遇天灾人祸或其他人力不能控制之因素而导致延误交货,需方不能要求供方赔偿任何损失。

九、合同纠纷解决方式: 经双方协商解决,如协商不成的,可向当地仲裁委员会提出申诉解决。

十、本合同一式两份,双方各执一份,自签订之日起生效。

供方(盖章)

税　号: 15310009876576 0688

开户银行: 中国工商银行济南天桥支行

银行账号: 6220000526782987947

地　址: 济南市天桥区堤口路47号

法定代表: 李金泽

联系电话: 0531-89820888

需方(盖章)

税　号: 37010832126 0348342

开户银行: 中国农业银行济南泉城路支行

银行账号: 5893680183600024178

地　址: 济南2七新村南路9号

法定代表: 李明

联系电话: 0531-82766169

图 3-25 【1月21日业务】原始凭证1

出 库 单

出货单位：**山东洪福商贸有限公司**　　　　2023 年 *01* 月 *21* 日　　　　单号：*7705*

提货单位或领货部	济南大润发超市有限公司	销售单号			发出仓库	果蔬汁库	出库日期	2023年01月21日
编　号	名 称 及 规 格	单 位	应 发	实 发	单 价	金 额		
0006	汇源1L100%苹果汁	箱	200	200				
0007	汇源1L100%葡萄汁	箱	1200	1200				
0008	汇源1L100%橙+苹果礼盒装	箱	100	100				
0009	汇源1L100%桃+葡萄礼盒装	箱	100	100				
	合　计		1600	1600	—			

部门经理：（略）　　　　会计：（略）　　　　仓库：（略）　　　　经办人：（略）

图 3 - 26　【1 月 21 日业务】原始凭证 2

山东 增值税专用发票

15011186　　　№ 07006002　　　15011186
07006002

此联不作报销、扣税凭证使用　　　　　开票日期：2023年01月21日

购买方	名　称：济南大润发超市有限公司 纳税人识别号：370108321260348342 地址、电话：济南2七新村南路9号，0531-82766169 开户行及账号：中国农业银行济南泉城路支行，5893680183600024178	密码区	48*7)+>-2/3- 9875/3750384<1948*7)+>-2//51948*7)+>5544E 45987>*8574<194561948*7)+>7-7<8*873/+<424 7913-30011521948*7)+><191948*7)+>142)>8-
	货物或应税劳务、服务名称	规格型号	单位	数量	单价	金额	税率	税　额
	*食品类产品*汇源1L100%苹果汁	1*12	箱	200	180.00	36000.00	13%	4680.00
	*食品类产品*汇源1L100%葡萄汁	1*12	箱	1200	180.00	216000.00	13%	28080.00
	*食品类产品*汇源1L100%橙+苹果礼盒装	1*6*6	箱	100	605.00	60500.00	13%	7865.00
	*食品类产品*汇源1L100%桃+葡萄礼盒装	1*6*6	箱	100	605.00	60500.00	13%	7865.00
	合　　计					￥373000.00		￥48490.00

价税合计（大写）　⊗人民币肆拾贰万壹仟肆佰玖拾元整　　　　（小写）￥421490.00

销售方	名　称：山东洪福商贸有限公司 纳税人识别号：153100098765760688 地址、电话：济南市天桥区堤口路47号，0531-89820888 开户行及账号：中国工商银行济南天桥支行，6220000526782987947	备注	山东洪福商贸有限公司 153100098765760688 发票专用章

收款人：（略）　　　复核：（略）　　　开票人：（略）　　　销售方：（章）

图 3 - 27　【1 月 21 日业务】原始凭证 3

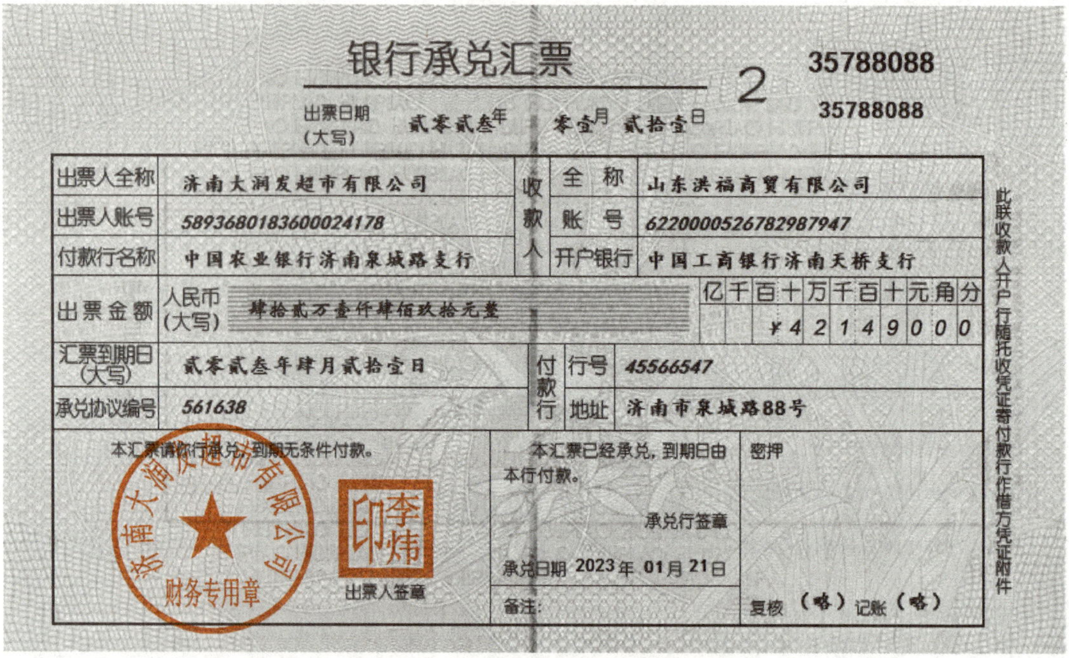

图 3-28 【1月21日业务】原始凭证 4

【任务 2.9】 22 日,收到上月 18 号从君乐宝乳业购买君乐宝香蕉牛奶的增值税专用发票,当日以电汇方式支付全部货款(进行存货结算成本处理,并生成凭证)。取得相关凭证如图 3-29、图 3-30 所示。

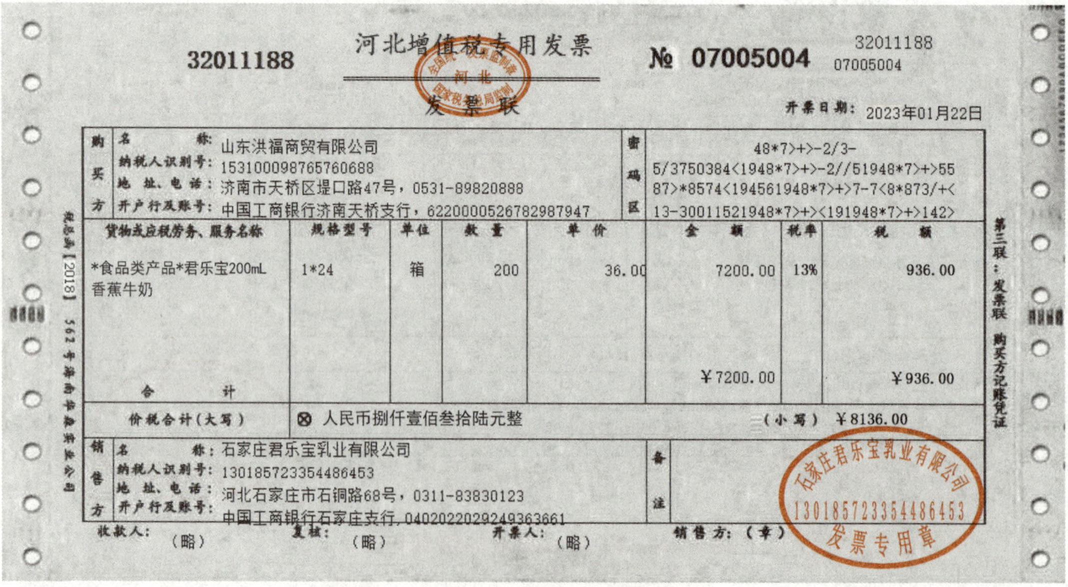

图 3-29 【1月22日业务】原始凭证 1

图 3-30 【1月22日业务】原始凭证 2

【任务 2.10】 22 日,对 20 日入库的采购合同编号为 CG0003 的货物进行检验,发现有 10 箱喜乐 368 mL 蓝莓味存在不同程度非正常残损。经与对方协商后即日办理退货,并于当日收到退还的价税款。取得相关凭证如图 3-31~图 3-33 所示。

图 3-31 【1月22日业务】原始凭证 1

入 库 单

2023 年 01 月 22 日　　　　　　　　　　　　　　单号 6605

交来单位及部门	广州喜乐食品有限公司		发票号码或生产单号码		（无）		验收仓库		乳酸菌库		入库日期	2023年01月22日	
编号	名称及规格		单位		数　量		单价		金额		备　注		会
					交库	实收							
0014	喜乐368mL蓝莓味		箱		-10	-10							计
													联
合　　计					-10	-10	—				—		

部门经理：（略）　　　　会计：（略）　　　　仓库：（略）　　　　经办人：（略）

图 3 - 32　【1 月 22 日业务】原始凭证 2

中国工商银行 进账单 （收账通知）　　　　3

2023 年 01 月 22 日

出票人	全　称	广州喜乐食品有限公司	收款人	全　称	山东洪福商贸有限公司											
	账　号	3602005090026669884		账　号	6220000526782987947										
	开户银行	中国工商银行广州经济技术开发区支行		开户银行	中国工商银行济南天桥支行										
金额	人民币（大写）	壹仟叁佰伍拾陆元整				亿	千	百	十	万	千	百	十	元	角	分
										¥	1	3	5	6	0	0
票据种类	转账支票		票据张数	1											
票据号码	24345628														

中国工商银行济南天桥支行
2023.01.22
转讫

复核 （略）　　记账 （略）　　　　　　　　　收款人开户银行签章

此联是收款人开户银行交给收款人的收账通知

图 3 - 33　【1 月 22 日业务】原始凭证 3

【任务 2.11】 26 日,采购部叶敏与汇源果汁签订合同,货款以票号为 35788088 银行承兑汇票背书支付,余款一个月后转账支付(不使用现付功能)。取得相关凭证如图 3－34～图 3－38 所示。

购销合同

| 供货方: | 北京汇源果汁有限公司 | 合同号: | CG0004 |
| 购买方: | 山东洪福商贸有限公司 | 签订日期: | 2023年01月26日 |

为保护买卖双方的合法权益,买卖双方根据《中华人民共和国合同法》的有关规定,经友好协商,一致同意签订本合同并共同遵守。

一、商品的名称、数量及金额

商品名称	规格型号	计量单位	数 量	单价(不含税)	金 额(不含税)	税率	税 额
汇源1L100%橙+苹果礼盒装	1*6*6	箱	600	360.00	216000.00	13%	28080.00
汇源1L100%桃+葡萄礼盒装	1*6*6	箱	600	360.00	216000.00	13%	28080.00
合 计			1200	—	￥432000.00	—	￥56160.00

货款总计(大写): 人民币肆拾捌万捌仟壹佰陆拾元整　　　　　(小写): ￥488160.00

二、质量验收标准 : 按国家行业标准执行。

三、交货日期 : 2023年01月26日。

四、交货地点 : 山东洪福商贸有限公司。

五、结算方式 : 签订合同当日以银行承兑汇票背书支付肆拾叁万叁仟贰佰肆拾元整,余款下月支付。

六、发运方式及费用承担 : 公路运输,相关费用由供货方承担。

七、其 他 : 存在商品质量及盈余等情况,经双方协商,另行解决。

八、违约条款 : 违约方须赔偿对方一切经济损失。但遇天灾人祸或其他人力不能控制之因素而导致延误交货,需方不能要求供方赔偿任何损失。

九、合同纠纷解决方式 : 经双方协商解决,如协商不成的,可向当地仲裁委员会提出申诉解决。

十、本合同一式两份,双方各执一份,自签订之日起生效。

供方(盖章)		需方(盖章)	
税 号:	120115777321663435	税 号:	153100098765760688
开户银行:	中国银行顺义东兴支行	开户银行:	中国工商银行济南天桥支行
银行账号:	2700600597934526278	银行账号:	6220000526782987947
地 址:	北京顺义区北小营16号	地 址:	济南市天桥区堤口路47号
法定代表:	朱礼通	法定代表:	李金泽
联系电话:	010-60483388	联系电话:	0531-89820888

图 3－34 【1 月 26 日业务】原始凭证 1

入 库 单

2023 年 01 月 26 日

单号 6606

交来单位及部门	北京汇源果汁有限公司		发票号码或生产单号	（无）		验收仓库	果蔬汁库	入库日期	2023年01月26日	
编号	名称及规格	单位	数　量		单价	金额	备　注			会
			交库	实收						
0008	汇源1L100%橙+苹果礼盒装	箱	600	600						计
0009	汇源1L100%桃+葡萄礼盒装	箱	600	600						
										联
合　　　计			1200	1200	—		—			

部门经理：（略）　　　会计：（略）　　　仓库：（略）　　　经办人：（略）

图 3-35　【1 月 26 日业务】原始凭证 2

图 3-36　【1 月 26 日业务】原始凭证 3

图 3 – 37 【1 月 26 日业务】原始凭证 4

图 3 – 38 【1 月 26 日业务】原始凭证 5

【任务 2.12】 31 日,公司对存货进行清查,原因待查。取得相关凭证如图 3-39 所示。

存 货 盘 点 表

盘点日期:2023.01.31　　　　　　　　　　　　　　　　盘点人:李红

序号	商品名称	规格型号	账面		盘盈	盘亏	实盘	
			数量	金额	数量	数量	数量	金额
0001	君乐宝200mL原味开啡尔酸奶	1*24	70				70	
0002	君乐宝200mL优致牧场纯牛奶	1*24	140			2	138	
0003	君乐宝200mL香蕉牛奶	1*24	230				230	
合　　计			—		—	—	—	

以上"金额"均为原值

图 3-39 【1 月 31 日业务】原始凭证

【任务 2.13】 31 日,经查,盘亏的商品系仓库被盗所致。取得相关凭证如图 3-40 所示。

存货盘盈/亏处理报告表

企业名称:**山东洪福商贸有限公司**　　　　**2023** 年 **01** 月 **31** 日　　　　单位:元

名称和规格	计量单位	单价	数量		盘盈		盘亏		差异原因
			账存	实存	数量	金额	数量	金额	
君乐宝200mL优致牧场纯牛奶			140	138			2		仓库被盗
财务部门建议处理意见:				损失计入营业外支出					
单位主管部门批复处理意见:				损失计入营业外支出					

批准人:　　　　　审批人:　　　　　部门负责人:　　　　　制单:

图 3-40 【1 月 31 日业务】原始凭证

【任务 2.14】　31 日,对应收账款计提坏账准备。

【任务 2.15】　31 日,进行期末损益类科目结转(使用系统自定义转账功能处理),收入支出分开结转。

【任务 2.16】　31 日,对月末各系统进行对账、结账处理。

三、会计报表编制与主要财务指标分析

【总体要求】

使用 600 账套的 UFO 报表管理系统完成以下工作任务。(满分 10 分)

【工作任务】

【任务 3.1】　打开考生文件夹％testdir％下名为 zcfzb.rep 的资产负债表,其中有 6 个计算公式未填写,利用账务函数定义计算公式,重新计算并保存。

【任务 3.2】　打开考生文件夹％testdir％下名为 lrb.rep 的利润表,请仔细阅读计算公式,将本月数中的 2 个错误公式修改正确,重新计算并保存。

3

项目四 模拟题三

第一部分 初始账套信息

一、企业背景资料

(一) 企业概况

江苏西域良品电子商贸有限公司(简称西域良品),是一家专门从事电子产品批发、零售的商业企业,公司法人代表张晓明。

公司开户银行:中国工商银行南京市上元大街支行。

银行账号:6220987022300068。

纳税人识别号:189002789201014680。

公司地址:南京市江宁区上元大街18号。

电话:025-52168868。

(二) 科目设置及辅助核算要求

日记账:库存现金、银行存款。

银行账:银行存款。

客户往来:应收票据/银行承兑汇票、应收票据/商业承兑汇票、应收账款、预收账款。

供应商往来:应付票据/商业承兑汇票、应付票据/银行承兑汇票、应付账款/一般应付款、应付账款/暂估应付款(其中,一般应付款设置为受控于应付款系统、暂估应付款科目设置为不受控于应付款系统)、预付账款。

(三) 会计凭证的基本规定

录入或生成"记账凭证"均由指定的会计人员操作,含有库存现金和银行存款科目的记账凭证均需出纳签字。采用复式记账凭证,采用单一凭证格式。对已记账凭证的修改,只采用红字冲销法。为保证财务与业务数据的一致性,能在业务系统生成的记账凭证不得在总账系统直接录入,在总账中填制的凭证参照常用摘要。根据原始单据生成记账凭证时,除特殊规定外不采用合并制单。出库单与入库单原始凭证以软件系统生成的为准;除指定业务外,在业务发生当日,收到发票并支付款项的业务使用现付功能处理,开出发票并收到款项的业务使用现结功能处理。

(四) 结算方式

公司采用的结算方式包括现金、支票、汇票、电汇、同城特约委托收款等。收、付款业务由财务部门根据有关凭证进行处理。

4

(五) 存货业务的处理

公司存货主要为库存商品,按存货分类进行存放。按照实际成本核算,采用永续盘存制;发出存货成本采用"先进先出法"按仓库进行核算,采购入库存货对方科目全部使用"在途物资"科目;期末,存货根据可变现净值计提跌价准备。购销合同中的单价均为含税价。采购、销售必有订单,订单号为合同号;发票号、零售日报号为必填项;到货必有到货单,发货必有发货单,存货按业务发生日期逐笔记账并制单,暂估业务除外。

存货核算制单时不允许勾选"已结算采购入库单自动选择全部结算单上单据,包括入库单、发票、付款单,非本月采购入库按蓝字报销单制单"选项。

(六) 财产清查的处理

公司期末对存货进行清查,根据盘点结果编制"盘点表",并与账面数据进行比较,由库存管理员审核后进行处理。

(七) 损益类科目的结转

每月末将各损益类科目余额转入"本年利润"科目,结转时按收入和支出分别生成记账凭证。

二、建账资料

账套号:101。

账套名称:江苏西域良品电子商贸有限公司。

单位简称:西域良品。

启用日期:2023 年 01 月 01 日。

地址:南京市江宁区上元大街 18 号。

法人代表:张晓明。

电话:025 - 5216888。

纳税人识别号:189002789201014680。

企业类型:商业企业。

行业性质:2007 年新会计制度科目。

基础信息:存货、客户、供应商是否分类(是),是否有外币核算(是)。

编码方案:科目:4-2-2-2;存货:1-2;客户:1-2;供应商:1-2;部门:1-2;收发类别:1-2。

数据精度:采用系统默认。

启用系统:总账、应收款理系统、应付款管理系统、采购管理系统、销售管理系统、库存管理系统、存货核算系统。

三、账套用户及权限(表 4-1)

表 4-1　操作员及权限分工

操作员编号	姓名	隶属部门	职务	操 作 分 工
A01	张晓明	总经办	总经理	账套初始化设置权限
W01	陈丽丽	财务部	财务经理	记账凭证的审核、查询、对账、总账结账、编制 UFO 报表

续　表

操作员编号	姓名	隶属部门	职务	操作分工
W02	查丽云	财务部	会计	总账(填制、查询凭证、账表、期末处理、记账)、应收应付系统权限,存货核算、UFO 报表权限
W03	李敏	财务部	出纳	总账(出纳签字)、票据管理,收、付款单填制权限(卡片编辑、卡片删除、卡片查询、列表查询)
X01	范晓军	销售部	销售员	销售管理的所有权限
G01	邵云飞	采购部	采购员	采购管理的所有权限
C01	马芳芳	仓管部	库管员	库存管理的所有权限、公用目录和公共单据权限

备注:取消【仓库】【科目】【工资权限】及【用户】的记录级数据权限控制。

四、基础档案设置

(一) 机构人员

1. 设置部门档案(表 4-2)

表 4-2　部　门　档　案

部门编码	部门名称
1	总经办
2	财务部
3	采购部
4	销售部
5	仓储部

2. 设置人员类别(表 4-3)

表 4-3　人员类别资料

分类编码	分类名称
10101	管理人员
10102	采购人员
10103	销售人员

3. 设置人员档案(表 4-4)

表 4-4　人　员　档　案

人员编码	人员名称	所属部门	人员类别	性别	是否业务员	业务或费用部门
101	张晓明	总经办	管理人员	男	是	总经办
201	陈丽丽	财务部	管理人员	女	是	财务部

续　表

人员编码	人员名称	所属部门	人员类别	性别	是否业务员	业务或费用部门
202	查丽云	财务部	管理人员	女	是	财务部
203	李　敏	财务部	管理人员	女	是	财务部
301	邵云飞	采购部	采购人员	男	是	采购部
302	刘　明	采购部	采购人员	男	是	采购部
401	范晓军	销售部	销售人员	男	是	销售部
402	王丽丽	销售部	销售人员	女	是	销售部
501	马芳芳	仓储部	管理人员	女	是	仓储部

(二)客商信息

1.设置地区分类(表4-5)

表4-5　地区分类资料

地区分类编码	地区分类
01	江苏省
02	广东省
03	山东省
04	安徽省
05	浙江省
09	其他

2.设置客户分类(表4-6)

表4-6　客户分类资料

客户分类编码	客户分类
1	超市
2	商贸公司
3	零售商店

3.设置客户档案(表4-7)

表4-7　客　户　档　案

客户编码	客户名称	客户简称	所属分类	所属地区	纳税人识别号	地址电话	开户银行	账　号
0001	南京家乐福超市有限公司	家乐福超市	超市	江苏	321098739102864216	江苏省南京市白下区洪武路88号,025-84782888	中国工商银行白下区洪武路支行	32220000 65322106

4

续 表

客户编码	客户名称	客户简称	所属分类	所属地区	纳税人识别号	地址电话	开户银行	账 号
0002	南京金润发超市有限公司	金润发超市	超市	江苏	321067731209086435	江苏省南京市玄武区丹凤街39号,025 -84586688	中国银行玄武区丹凤街支行	6222021000255321
0003	南京华润苏果有限公司	华润苏果	超市	江苏	321067317608753609	江苏省南京市建邺区南湖路58号,025 -86424632	中国建设银行建邺区南湖路支行	3410000121100023
0004	南京沃尔玛超市有限公司	沃尔玛超市	超市	江苏	321066315618753890	江苏省南京市白下区龙蟠中路260号,025 -84585656	中国农业银行白下区龙蟠中路支行	4180903457821082
0005	南京金联强商贸有限公司	金联强商贸	商贸	江苏	321066314568843279	南京市鼓楼区中央北路120号,025 -84227728	中国工商银行鼓楼区中央北路支行	6209860912456418
0006	合肥恒鑫商贸有限公司	恒鑫商贸	商贸	安徽	321056436126975435	安徽合肥市双七路中兴西湖花园22 号, 0551 -64267412	中国建设银行双七路中兴西湖花园支行	6277620185600022
0007	杭州日新商贸有限公司	日新商贸	商贸	浙江	321067218126734568	杭州市上城区开元路19号,0571 -87014880	中国农业银行上城区开元路支行	6210890611200268
0008	南京大学便利店	南大便利店	零售商店					

4. 设置供应商分类(表4-8)

表4-8 供应商分类资料

供应商分类编码	供应商分类
1	鼠标
2	键盘
3	摄像头
4	耳机
9	其他

5. 设置供应商档案(表4-9)

表4-9 供应商档案

客户编码	供应商名称	供应商简称	所属分类	所属地区	纳税人识别号	地址电话	开户银行	账 号
0001	东莞至上制品厂	至上制品	1	广东省	1301857233544816864215	东莞万江区莫屋村第二工业区,0769 -23294071	中国工商银行东莞万江区支行	6222000025532490

4

客户编码	供应商名称	供应商简称	所属分类	所属地区	纳税人识别号	地址电话	开户银行	账　号
0002	广州紫战电子科技有限公司	紫战公司	3	广东省	3241157773212572734567	广州市天河区石牌西路36号，020-85556888	中国银行天河区支行	6210060059793452
0003	山东日月新电子科技有限公司	日月新公司	2	山东省	1403005422311388734890	山东聊城嘉明开发区西区1号，0635-8723236	中国建设银行嘉明开发区支行	2300600236934526
0004	杭州高登商业电子有限公司	高登商业	4	浙江省	6403005887313218734356	上海市长宁区江苏北路88号，021-82821822	中国工商银行长宁区江苏北路支行	6202005090026669

（三）存货信息

1. 设置存货分类（表4-10）

表4-10　存货分类资料

分类编码	分类名称
1	鼠标
2	键盘
3	摄像头
4	耳机
9	其他

2. 设置计量单位组（表4-11）

表4-11　计量单位组资料

计量单位组编码	计量单位组名称	计量单位组类别	计量单位编码	计量单位
01	自然单位	无换算	01	只
01	自然单位	无换算	02	个
01	自然单位	无换算	03	公里

3. 设置存货档案（表4-12）

表4-12　存货档案

分类编码	所属类别	存货编码	存货名称	计量单位	税率	存货属性
1	鼠标	101	MS-201OR 2.4G 无线鼠标	只	13%	外购、内销
		102	N107 有线鼠标	只	13%	外购、内销
		103	N500 游戏大鼠标	只	13%	外购、内销

4

续　表

分类编码	所属类别	存货编码	存货名称	计量单位	税率	存货属性
2	键盘	201	HY-MA75 双 USB 接口键盘	只	13%	外购、内销
		202	HY-KA7 USB 无边框键盘	只	13%	外购、内销
		203	K50 有线游戏键盘	只	13%	外购、内销
3	摄像头	301	PKS-820G 超清摄像头	个	13%	外购、内销
		302	第一眼 L8 摄像头	个	13%	外购、内销
		303	网魔 V6 摄像头	个	13%	外购、内销
4	耳机	401	CJC-818MV 头戴式耳机	个	13%	外购、内销
		402	月光宝盒 EP2526 耳机	个	13%	外购、内销
		403	DX-129 入耳式耳机	个	13%	外购、内销
9	其他	901	运输费	公里	9%	外购、内销、应税劳务

(四) 财务信息

1. 需要增加和修改的会计科目(表 4-13)

表 4-13　需要增加和修改的会计科目资料

科目编码	科目名称	外币币种	辅助账类型	账页格式	余额方向	受控系统	银行账	日记账
1001	库存现金			金额式	借			Y
1002	银行存款			金额式	借		Y	Y
100201	工行存款			金额式	借		Y	Y
1012	其他货币资金			金额式	借			
101201	存出投资款			金额式	借			
1121	应收票据		客户往来	金额式	借	应收系统		
112101	银行承兑汇票		客户往来	金额式	借	应收系统		
112102	商业承兑汇票		客户往来	金额式	借	应收系统		
1122	应收账款		客户往来	金额式	借	应收系统		
1123	预付账款		供应商往来	金额式	借	应付系统		
1481	合同资产		客户往来	金额式	借	应收系统		
2001	短期借款			金额式	贷			
200101	中国工商银行济南天桥支行			金额式	贷			
2201	应付票据		供应商往来	金额式	贷	应付系统		
220101	银行承兑汇票		供应商往来	金额式	贷	应付系统		

4

续 表

科目编码	科目名称	外币币种	辅助账类型	账页格式	余额方向	受控系统	银行账	日记账
220102	商业承兑汇票		供应商往来	金额式	贷	应付系统		
2202	应付账款			金额式	贷			
220201	一般应付款		供应商往来	金额式	贷	应付系统		
220202	暂估应付款		供应商往来	金额式	贷			
2203	预收账款		客户往来	金额式	贷	应收系统		
2204	合同负债		客户往来	金额式	贷	应收系统		
2221	应交税费			金额式	贷			
222101	应交增值税			金额式	贷			
22210101	进项税额			金额式	借			
22210102	已交税金			金额式	借			
22210103	减免税款			金额式	借			
22210104	转出未交增值税			金额式	借			
22210106	销项税额			金额式	贷			
22210107	进项税额转出			金额式	贷			
22210108	转出多交增值税			金额式	贷			
410415	未分配利润			金额式	贷			
6601	销售费用			金额式	借			
660101	职工薪酬			金额式	借			
660102	折旧费			金额式	借			
660103	广告费			金额式	借			
660104	委托代销手续费			金额式	借			
660105	赠品费用			金额式	借			
660109	其他			金额式	借			
6602	管理费用			金额式	借			
660201	职工薪酬			金额式	借			
660202	折旧费			金额式	借			
660203	办公费			金额式	借			
660209	其他			金额式	借			
6702	信用减值损失			金额式	借			

4

2. 设置凭证类别

设置凭证类别为"记账凭证"。

(五) 收付结算

1. 设置结算方式(表 4-14)

表 4-14　结算方式资料

编号	结算方式名称
1	现金
2	支票
201	现金支票
202	转账支票
3	汇票
301	银行承兑汇票
4	电汇
5	托收承付
9	其他

2. 设置本单位开户银行

修改银行档案：01 工商银行，取消"企业规则账户"。

企业开户银行编码：01。

开户银行名称：中国工商银行南京市上元大街支行。

账号：6220987022300068。

账户名：江苏西域良品电子商贸有限公司。

币种：人民币。

所属银行：中国工商银行。

(六) 业务信息

1. 设置仓库档案(表 4-15)

表 4-15　仓　库　档　案

仓库编码	仓库名称	计价方式
01	鼠标	全月平均法
02	键盘	全月平均法
03	摄像头	先进先出法
04	耳机	先进先出法
05	其他	先进先出法

2.设置收发类别(表4-16)

表4-16 收发类别资料

收发类别编码	收发类别名称	收发标志	收发类别编码	收发类别名称	收发标志
1	入库	收	2	出库	发
101	采购入库	收	201	销售出库	发
102	采购退货	收	202	销售退货	发
103	盘盈入库	收	203	盘亏出库	发
109	其他入库	收	209	其他出库	发

3.设置采购和销售类型(表4-17)

表4-17 采购和销售类型资料

	名 称	出入库类别		名 称	出入库类别
采购类型	01普通采购	采购入库	销售类型	01普通销售	销售出库
	02采购退货	采购退货		02销售退货	销售退货

4.设置费用项目(表4-18)

表4-18 费用项目资料

费用项目分类编码	费用项目分类名称	费用项目编码	费用项目名称
0	无分类	01	运输费

5.设置非合理损耗的类型(表4-19)

表4-19 非合理损耗的类型资料

非合理损耗类型编码	非合理损耗类型名称
01	运输部门责任

五、单据设置

将销售订单、销售专用发票、销售普通发票、零售日报、采购订单、采购专用发票的订单号修改位,完全手工编号。

六、采购管理与应付款管理初始设置

1.设置采购选项

允许超订单到货及入库,其他默认。

4

2. 设置应付款管理参数

单据审核日期依据单据日期,自动计算现金折扣,勾选核销生成凭证,其他默认。

3. 设置应付款管理系统科目

(1) 基本科目设置:应付科目为 220201,预付科目为 1123,税金科目为 22210101,采购科目为 1402,现金折扣科目为 6603,银行承兑科目为 220101,商业承兑科目为 220102。

(2) 控制科目设置:应付科目为 220201,预付科目为 1123。

(3) 产品科目设置:采购科目为 1402,税金科目为 22210101。

(4) 结算方式科目设置:现金对应 1001,现金支票、转账支票、电汇、其他对应 100201。

4. 录入应付管理系统期初余额(表 4 - 20～表 4 - 22)

表 4 - 20　应付账款——一般应付款(220201)期初余额

日　期	供应商简称	摘　　要	方向	金额/元
2022 - 12 - 25	至上制品	2022 年 12 月 25 日,采购 MS - 201OR 2.4G 无线鼠标 600 只,不含税单价 50 元。票号 68730091	贷	33 900.00
2022 - 12 - 21	高登商业	2022 年 12 月 21 日,采购月光宝盒 EP2526 耳机 500 个,不含税单价 19 元,票号 68910082	贷	10 735.00

表 4 - 21　预付账款(1123)期初余额

日　期	供应商简称	摘　　要	方向	金额/元	结算方式
2022 - 12 - 09	日月新公司	预付日月新公司货款,票号 68412561	借	5 000.00	电汇

表 4 - 22　应付票据——商业承兑汇票(220102)期初余额

日　期	供应商简称	摘　　要	方向	金额/元	结算方式
2022 - 12 - 15	高登商业	向高登商业签发的商业承兑汇票,签发日期 2022 年 12 月 15 日,到期日 2023 年 3 月 15 日,票面利率 3%,票号 88680123	贷	3 000.00	商业承兑汇票

七、销售管理与应收款管理初始设置

1. 设置销售选项

有零售日报业务,取消销售生成出库单,新增退货单参照发货单,新增发票参照订单。

2. 设置应收款管理系统参数

单据审核日期依据单据日期,自动计算现金折扣,坏账处理方式:应收账款余额百分比法,勾选核销生成凭证;其他参数为系统默认。

3. 设置应收款管理系统科目

(1) 基本科目设置:销售收入科目为 6001,销售退回科目为 6001,坏账入账科目为 1231,银行承兑科目为 112101,商业承兑汇票科目 112102。

(2) 控制科目设置:应收科目为 1122,预收科目为 2204。

(3) 产品科目:鼠标、键盘、摄像头、耳机的销售收入科目均为 6001,应交增值税科目为

22210106,销售退回科目为6001。

(4)结算方式科目设置:现金对应1001,现金支票、转账支票、电汇、其他对应100201。

(5)坏账准备设置:提取比例为0.5%,坏账准备期初余额为1 200.00,坏账准备科目为1231,对方科目为6702。

4.录入应收款管理系统期初余额(表4-23~表4-25)

表4-23　应收账款(1122)期初余额

日　　期	客户简称	摘　　要	方向	金额/元
2022-12-09	金润发超市	销售 N500 游戏大鼠标 500 只,无税单价 78 元/只,票号 68754320	借	44 070.00
2022-12-03	恒鑫商贸	销售 HY-MA75 双 USB 接口键盘 1000 只,无税单价 50 元/只,DX-129 入耳式耳机 800 只,无税单价 40 元/只,票号 68754598	借	92 660.00

表4-24　合同负债(2204)期初余额

日　　期	客户简称	摘　　要	方向	金额/元	结算方式
2022-12-15	华润苏果	收到华润苏果超市预付的货款,票号 32918324	贷	4 000.00	转账支票

表4-25　应收票据——银行承兑汇票(220101)期初余额

日　　期	客户简称	摘　　要	方向	金额/元	结算方式
2022-12-19	金联强商贸	收到金联强商贸签发的银行承兑汇票,签发日期 2022-12-19,到期日 2023-05-19,票号 88754321,承兑银行:工商银行	借	8 000.00	银行承兑汇票

八、库存管理与存货核算管理初始设置

1.设置库存管理系统参数

修改现存量时点为采购入库审核、销售出库审核、其他出入库审核时。

2.录入库存期初数据(表4-26)

表4-26　库存期初资料

存货类别	仓库类别	存货编码	存货名称	单位	数量	单价	金额/元
鼠标	01 鼠标	101	MS-201OR 2.4G 无线鼠标	只	800	50.00	40 000.00
		102	N107 有线鼠标	只	1 000	30.00	30 000.00
		103	N500 游戏大鼠标	只	600	52.00	31 200.00
键盘	02 键盘	201	HY-MA75 双 USB 接口键盘	只	800	30.00	24 000.00
		202	HY-KA7 USB 无边框键盘	只	1 000	35.00	35 000.00
		203	K50 有线游戏键盘	只	800	36.00	28 800.00

4

续　表

存货类别	仓库类别	存货编码	存　货　名　称	单位	数量	单价	金额/元
耳机	04 耳机	401	CJC-818MV 头戴式耳机	个	750	21.00	15 750.00
		402	月光宝盒 EP2526 耳机	个	190	19.00	3 610.00
		403	DX-129 入耳式耳机	个	880	25.00	22 000.00
			合　计				230 360.00

3. 设置存货核算系统参数

(1) 销售成本核算方式为销售出库单,其余默认系统提供参数。

(2) 录入期初数据:同库存管理期初数据。

4. 设置存货核算系统科目

(1) 设置存货科目。

鼠标库、键盘库、摄像头库、耳机存货科目为"1405 库存商品"。

(2) 设置存货对方科目。

盘盈入库的对方科目为"1901 待处理财产损溢"。

销售出库、销售退货的对方科目均为"6401 主营业务成本"。

盘亏出库的对方科目为"1901 待处理财产损溢"。

(3) 税金科目:

鼠标库、键盘库、摄像头库、耳机科目为"22210101 进项税额"。

九、总账管理系统初始设置

(一) 设置参数(表 4-27)

表 4-27　总账管理系统参数资料

选　项　卡	参　数　设　置
凭　证	取消"制单序时控制" 取消"现金流量科目必录现金流量项目" 自动填补凭证断号 其他采用系统默认值
权　限	出纳凭证必须经由出纳签字 取消"允许修改、作废他人填制的凭证" 其他采用系统默认值
会计日历	采用系统默认值
其　他	部门、个人、项目排序方式均按编码排序

(二)录入期初余额

1. 总账账户期初余额(表 4-28)

表 4-28 期初余额表

科 目 名 称	方向	期初余额/元
库存现金(1001)	借	10 000.00
银行存款(1002)	借	507 054.40
应收票据(1121)	借	8 000.00
银行承兑汇票(112101)	借	8 000.00
应收账款(1122)	借	44 070.00
预付账款(1123)	借	5 000.00
坏账准备(1231)	贷	1 200.00
库存商品(1405)	借	230 360.00
固定资产(1601)	借	847 000.00
累计折旧(1602)	贷	156 503.40
短期借款(200101)	贷	19 626.20
应付票据(2201)	贷	3 000.00
商业承兑汇票(220102)	贷	3 000.00
应付账款(2202)	贷	68 320.00
一般应付款(220201)	贷	44 635.00
暂估应付款(220202)	贷	22 500.00
合同负债(2204)	贷	4 000.00
实收资本(4001)	贷	1 400 000.00
资本公积(4002)	贷	92 679.80

2. 辅助核算账户期初余额(表 4-29~表 4-35)

表 4-29 应收账款(112201)期初余额

日 期	客户简称	摘 要	方向	金额/元
2022-12-09	金润发超市	销售 N500 游戏大鼠标 500 只,无税单价 78 元/只,票号 68754320	借	44 070.00

表 4-30 合同负债(2204)期初余额

日 期	客户简称	摘 要	方向	金额/元	结算方式
2022-12-15	华润苏果	收到华润苏果超市预付的货款,票号 32918324	贷	4 000.00	转账支票

4

表 4－31　应收票据——银行承兑汇票(112101)期初余额

日　期	客户简称	摘　要	方向	金额/元	结算方式
2022－12－19	金联强商贸	收到金联强商贸签发的银行承兑汇票,签发日期 2022－12－19,到期日 2023－05－19,票号 88754321	借	8 000.00	银行承兑汇票

表 4－32　应付账款——一般应付款(220201)期初余额

日　期	供应商简称	摘　要	方向	金额/元
2022－12－25	至上制品	2022 年 12 月 25 日,采购 MS－201OR 2.4G 无线鼠标 600 只,不含税单价 50 元。发票号 68730091	贷	33 900.00
2022－12－21	高登商业	2022 年 12 月 21 日,采购月光宝盒 EP2526 耳机 500 个,不含税单价 19 元,票号 68910082	贷	10 735.00

表 4－33　应付账款——暂估应付款(220202)

日　期	供应商简称	摘　要	方向	金额/元
2022－12－28	至上制品	采购 N107 有线鼠标 750 只,不含税单价为 30 元	贷	22 500.00

表 4－34　预付账款(1123)期初余额

日　期	供应商简称	摘　要	方向	金额/元	结算方式
2022－12－09	日月新公司	预付日月新公司货款,票号 68412561	借	5 000.00	电汇

表 4－35　应付票据——商业承兑汇(220102)期初余额

日　期	供应商简称	摘　要	方向	金额/元	结算方式
2022－12－15	高登商业	向高登商业签发的商业承兑汇票,签发日期 2022 年 12 月 15 日,到期日 2023 年 3 月 15 日,票面利率 3%,票号 88680123	贷	3 000.00	商业承兑汇票

(三)设置期间损益转账定义

定义"期间损益结转"凭证,本年利润科目设置为"4103 本年利润"。

第二部分　试题题面

一、系统初始化

【总体要求】

使用 101 账套的总账、采购管理、销售管理、库存管理、存货核算、应收款管理、应付款管理系统完成以下初始化任务。(满分 20 分)

【工作任务】

【任务 1.1】 指定现金科目,银行存款科目。

【任务1.2】　增加付款条件(表4-36)。

表4-36　付　款　条　件

付款条件编码	信用天数	优惠天数1	优惠率1	优惠天数2	优惠率2
01	30	10	2	20	1

【任务1.3】　设置鼠标库和键盘库的计价方式为先进先出法。

【任务1.4】　设置销售成本核算方式为销售发票,暂估方式为单到回冲。

【任务1.5】　设置应收管理系统基本科目:应收科目、预收科目、税金科目、现金折扣科目。

【任务1.6】　录入总账期初余额(表4-37),并试算平衡。

表4-37　总账期初余额

日　期	票号	客户简称	部门	货物名称	数量	含税单价	金额/元
2022-12-03	68754598	恒鑫商贸	销售部	HY-MA75双USB接口键盘	1 000.00	56.5	92 660.00
				DX-129入耳式耳机	800.00	45.2	

【任务1.7】　录入期初采购入库单,并进行采购、存货期初记账。

2022年12月25日,采购部邵云飞从至上制品采购N107有线鼠标750只,不含税单价为30元,已入库,普通采购,入库类别为采购入库,采购发票未到,款未付,价款合计22 500元。

【任务1.8】　设置采购入库的对方科目、暂估科目。

【任务1.9】　设置总账系统参数:"数量小数位""单价小数位""本位币精度"分别为2、2、2。

【任务1.10】　增加结算方式(表4-38)。

表4-38　结　算　方　式

结算方式编码	结算方式名称
302	商业承兑汇票
6	同城特约委托收款

【任务1.11】　设置库存管理系统参数:出库单成本为"最新成本"。

二、业务处理与会计核算

【总体要求】

使用101账套的总账、采购管理、销售管理、应收款管理、应付款管理、库存管理和存货管理系统完成以下业务处理。(满分70分)

【工作任务】

对江苏西域良品电子商贸有限公司2023年1月份发生的业务进行处理。(注:存货按

业务发生日期逐笔记账和制单,暂估业务除外)

　　【任务 2.1】　1 日,采购部邵云飞与至上制品签订合同。取得相关凭证如图 4-1~图 4-4 所示。

购销合同

供货方:**东莞至上制品厂**　　　　　　　　合同号:**CG0001**

购买方:**江苏西域良品电子商贸有限公司**　签订日期:**2023 年 01 月 01 日**

为保护买卖双方的合法权益,买卖双方根据《中华人民共和国合同法》的有关规定,经友好协商,一致同意签订本合同并共同遵守。

一、商品的名称、数量及金额

商品名称	规格型号	计量单位	数量	单价(不含税)	金额(不含税)	税率	税额
MS-2010R 2.4G 无线鼠标		只	500	50.00	25000.00	13%	3250.00
N500 游戏大鼠标		只	600	52.00	31200.00	13%	4056.00
合　　计			1100	—	¥56200.00	—	¥7306.00

货款总计(大写):**人民币陆万叁仟伍佰零陆元整**　　　　　(小写):**¥63506.00**

二、质量验收标准:**按国家行业标准执行。**

三、交货日期:**2023 年 01 月 01 日。**

四、交货地点:**江苏西域良品电子商贸有限公司。**

五、结算方式:**电汇,合同签订当天支付全部货款。**

六、发运方式及费用承担:**公路运输,相关费用由供货方承担。**

七、其　　他:**存在商品质量及溢余等情况,经双方协商,另行解决。**

八、违约条款:违约方须赔偿对方一切经济损失。但遇天灾人祸或其他人力不能控制之因素而导致延误交货,需方不能要求供方赔偿任何损失。

九、合同纠纷解决方式:经双方协商解决,如协商不成的,可向当地仲裁委员会提出申诉解决。

十、本合同一式两份,双方各执一份,自签订之日起生效。

供方(盖章)　　　　　　　　　　　　　　　需方(盖章)

税　号:13018572335448161864215　　　　税　号:18900278920101014680

开户银行:**中国工商银行东莞万江区支行**　　开户银行:**中国工商银行南京市上元大街支行**

银行账号:6222000025532490　　　　　　　银行账号:6220987022300068

地　址:**东莞万江区莫屋村第二工业区**　　地　址:**南京市江宁区上元大街18号**

法定代表:**张子兴**　　　　　　　　　　　法定代表:**张晓明**

联系电话:0769-23294071　　　　　　　　联系电话:025-52168868

图 4-1 【1 月 1 日业务】原始凭证 1

图 4-2 【1 月 1 日业务】原始凭证 2

图 4-3 【1 月 1 日业务】原始凭证 3

4

图 4 - 4 【1 月 1 日业务】原始凭证 4

【任务 2.2】 2 日,收到 2022 年 12 月 25 日从至上制品采购 N107 有线鼠标的发票。取得相关凭证如图 4-5、图 4-6 所示。

图 4 - 5 【1 月 2 日业务】原始凭证 1

【任务 2.3】 4 日,销售部范晓军与家乐福超市有限公司签订销售合同。取得相关凭证如图 4-7～图 4-11 所示。

中国工商 银行电汇凭证（回单）

委托日期 **2023** 年 **01** 月 **02** 日 No. **15647895**

汇款人	全 称	江苏西域良品电子商贸有限公司	收款人	全 称	东莞至上制品厂
	账 号	6220987022300068		账 号	6222000025532490
	汇出地点	江苏 省 南京 市/县		汇入地点	广东 省 东莞 市/县
	汇出行名称	中国工商银行南京市上元大街支行		汇入行名称	中国工商银行东莞万江区支行

金额	人民币（大写）	贰万伍仟肆佰贰拾伍元整	亿	千	百	十	万	千	百	十	元	角	分
							￥	2	5	4	2	5	0	0

支付密码

附加信息及用途：
采购商品

汇出行签章

此联汇出行给汇款人的回单

图 4-6 【1 月 2 日业务】原始凭证 2

购销合同

供货方：江苏西域良品电子商贸有限公司　　合同号：**XS0001**
购买方：南京家乐福超市有限公司　　签订日期：**2023年01月04日**

为保护买卖双方的合法权益，买卖双方根据《中华人民共和国合同法》的有关规定，经友好协商，一致同意签订本合同并共同遵守。

一、商品的名称、数量及金额

商 品 名 称	规格型号	计量单位	数 量	单 价（不含税）	金 额（不含税）	税率	税 额
HY-KA7 USB无边框键盘		只	800	50.00	40000.00	13%	5200.00
CJC-818MV 头戴式耳机		个	750	35.00	26250.00	13%	3412.50
合　　　计			1550		￥66250.00		￥8612.50

货款总计（大写）：人民币柒万肆仟捌佰陆拾贰元伍角整　　　（小写）：￥74862.50

二、质量验收标准：按国家行业标准执行。

三、交货日期：**2023年01月04日**。

四、交货地点：南京家乐福超市有限公司。

五、结算方式：转账支票。付款时间：2023年1月04日收取贰万元￥20000.00，剩余部分2023年03月15日收取。

六、发运方式及费用承担：公路运输，相关费用由供货方承担。

七、其　他：存在商品质量及溢余等情况，经双方协商，另行解决。

八、违约条款：违约方须赔偿对方一切经济损失。但遇天灾人祸或其他人力不能控制之因素而导致延误交货，需方不能要求供方赔偿任何损失。

九、合同纠纷解决方式：经双方协商解决，如协商不成的，可向当地仲裁委员会提出申诉解决。

十、本合同一式两份，双方各执一份，自签订之日起生效。

供方（盖章）	需方（盖章）
税　号：18900278920101468O	税　号：32109873910286421G
开户银行：中国工商银行南京市上元大街支行	开户银行：中国工商银行白下区洪武路支行
银行账号：6220987022300068	银行账号：3222000065322106
地　址：南京市江宁区上元大街18号	地　址：江苏省南京市白下区洪武路88号
法定代表：张晓明	法定代表：王凤宇
联系电话：025-52168868	联系电话：025-84782888

图 4-7 【1 月 4 日业务】原始凭证 1

4

图 4-8 【1 月 4 日业务】原始凭证 2

图 4-9 【1 月 4 日业务】原始凭证 3

4

出 库 单

出货单位: 江苏西域良品电子商贸有限公司　　　2023 年 01 月 04 日　　　　　　　单号: 23

提货单位或领货部	南京家乐福超市有限公司		销售单号		发出仓库	耳机	出库日期	2023年01月04日

编号	名 称 及 规 格	单位	数　量		单价	金 额	
			应 发	实 发			会
401	CJC-818MV 头戴式耳机	个	750	750			计
							联
	合计		750	750	—		

部门经理: (略)　　　　会计: (略)　　　　仓库: (略)　　　　经办人: (略)

图 4-10 【1月4日业务】原始凭证 4

中国工商银行 进账单 (收账通知)　　　3

2023 年 01 月 04 日

出票人	全称	南京家乐福超市有限公司	收款人	全称	江苏西域良品电子商贸有限公司
	账号	3222000065322106		账号	6220987022300068
	开户银行	中国工商银行白下区洪武路支行		开户银行	中国工商银行南京市上元大街支行

金额	人民币(大写)	贰万元整	亿 千 百 十 万 千 百 十 元 角 分
			￥ 2 0 0 0 0 0 0

票据种类	转账支票	票据张数	1
票据号码		34213798	

中国工商银行白下区洪武路支行
2023.01.04
结 讫

复核 (略)　　　记账 (略)　　　　　　　　　　　收款人开户银行签章

此联是收款人开户银行交给收款人的收账通知

图 4-11 【1月4日业务】原始凭证 5

4

【任务2.4】　6日，采购部邵云飞与紫战公司签订采购合同。取得相关凭证如图4-12～图4-14所示。

购销合同

供货方：**广州紫战电子科技有限公司**　　　合同号：**CG0002**

购买方：**江苏西域良品电子商贸有限公司**　　签订日期：**2023年01月06日**

为保护买卖双方的合法权益，买卖双方根据《中华人民共和国合同法》的有关规定，经友好协商，一致同意签订本合同并共同遵守。

一、商品的名称、数量及金额

商品名称	规格型号	计量单位	数量	单价（不含税）	金额（不含税）	税率	税额
HY-KA7 USB无边框键盘		只	1000	35.00	35000.00	13%	4550.00
K50 有线游戏键盘		只	500	36.00	18000.00	13%	2340.00
合　　计			1500	—	￥53000.00	—	￥6890.00

货款总计（大写）：**人民币伍万玖仟捌佰玖拾元整**　　　　（小写）：**￥59890.00**

二、质量验收标准：按国家行业标准执行。

三、交货日期：**2023年01月06日**。

四、交货地点：**江苏西域良品电子商贸有限公司**。

五、结算方式：**电汇，付款条件（2/10,1/10,n/30），现金折扣计算依据不含增值税。**

六、发运方式及费用承担：**公路运输，相关费用由供货方承担。**

七、其　　他：**存在商品质量及溢余等情况，经双方协商，另行解决。**

八、违约条款：违约方须赔偿对方一切经济损失。但遇天灾人祸或其他人力不能控制之因素而导致延误交货，需方不能要求供方赔偿任何损失。

九、合同纠纷解决方式：经双方协商解决，如协商不成的，可向当地仲裁委员会提出申诉解决。

十、本合同一式两份，双方各执一份，自签订之日起生效。

供方（盖章）

税　　号：**32411577732125727 34567**

开户银行：**中国银行天河区支行**

银行账号：**6210060059793452**

地　　址：**广州市天河区石鹤西路36号**

法定代表：**陈小山**

联系电话：**020-85556888**

需方（盖章）

税　　号：**189002789201014680**

开户银行：**中国工商银行南京市上元大街支行**

银行账号：**6220987022300068**

地　　址：**南京市江宁区上元大街18号**

法定代表：**张晓明**

联系电话：**025-52168868**

图4-12　【1月6日业务】原始凭证1

广东增值税专用发票

35649874

№ 35649874

35649874
35649874

发票联

开票日期：2023年01月06日

购买方	名　称：	江苏西域良品电子商贸有限公司
	纳税人识别号：	189002789201014680
	地址、电话：	南京市江宁区上元大街18号，025-52168868
	开户行及账号：	中国工商银行南京市上元大街支行，6220987022300068

密码区：48*7>+>-2/3-
5/3750384<1948*7>+>-2//51948*7>+>55
87>*8574<1945619 48*7>+>7-7<8*873/+<
13-30011521948*7>+>191948*7>+>142>

货物或应税劳务、服务名称	规格型号	单位	数量	单价	金额	税率	税额
*计算机配套产品*HY-KA7 USB无边框键盘	O	只	1000	35.00	35000.00	13%	4550.00
*计算机配套产品*K50 有线游戏键盘		只	500	36.00	18000.00	13%	2340.00
合　计					￥53000.00		￥6890.00
价税合计（大写）	⊗ 人民币伍万玖仟捌佰玖拾元整					（小写）￥59890.00	

销售方	名　称：	广州紫战电子科技有限公司
	纳税人识别号：	324115777321257 2734567
	地址、电话：	广州市天河区石牌西路36号，020-85556888
	开户行及账号：	中国银行天河区支行，6210060059793452

收款人：（略）　　复核：（略）　　开票人：（略）　　销售方：（章）

第三联：发票联　购买方记账凭证

图 4–13 【1 月 6 日业务】原始凭证 2

入 库 单

2023 年 01 月 06 日

单号 15

交来单位及部门	广州紫战电子科技有限公司		发票号码或生产单号	（无）		验收仓库	键盘	入库日期	2023年01月06日	
编号	名称及规格		单位	数　量		单价	金额	备　注		
				交库	实收					
202	HY-KA7 USB无边框键盘		只	1000	1000					会
203	K50 有线游戏键盘		只	500	500					计
										联
	合　　　计			1500	1500	—		—		

部门经理：（略）　　会计：（略）　　仓库：（略）　　经办人：（略）

图 4–14 【1 月 6 日业务】原始凭证 3

4

【任务 2.5】 8 日,销售部范晓军与恒鑫商贸签订购销合同。取得相关凭证如图 4-15、图 4-16 所示。

购销合同

供货方:__江苏西域良品电子商贸有限公司__   合同号:__XS0002__

购买方:__合肥恒鑫商贸有限公司__   签订日期:__2023年01月08日__

为保护买卖双方的合法权益,买卖双方根据《中华人民共和国合同法》的有关规定,经友好协商,一致同意签订本合同并共同遵守。

一、商品的名称、数量及金额

商品名称	规格型号	计量单位	数量	单价(不含税)	金额(不含税)	税率	税额
DX-129 入耳式耳机		个	800	40.00	32000.00	13%	4160.00
合　　　计			800	—	￥32000.00	—	￥4160.00

货款总计(大写):__人民币叁万陆仟壹佰陆拾元整__   (小写):￥36160.00

二、质量验收标准:按国家行业标准执行。

三、交货日期:__2023年01月25日__。

四、交货地点:__江苏西域良品电子商贸有限公司__。

五、结算方式:__电汇。2023年1月08日预付款项壹万元整(￥10000.00),剩余货款付款时间:2023年01月25日__。

六、发运方式及费用承担:__公路运输,相关费用由供货方承担__。

七、其　　他:__存在商品质量及溢余等情况,经双方协商,另行解决__。

八、违约条款:违约方须赔偿对方一切经济损失。但遇天灾人祸或其他人力不能控制之因素而导致延误交货,需方不能要求供方赔偿任何损失。

九、合同纠纷解决方式:经双方协商解决,如协商不成的,可向当地仲裁委员会提出申诉解决。

十、本合同一式两份,双方各执一份,自签订之日起生效。

供方(盖章)   需方(盖章)

税　号:__189002789201014680__   税　号:__321056436126975435__

开户银行:__中国工商银行南京市上元大街支行__   开户银行:__中国建设银行七路中兴西湖园支行__

银行账号:__6220987022300068__   银行账号:__6277620185600022__

地　址:__南京市江宁区上元大街18号__   地　址:__安徽合肥市双七路中兴西湖花园22号__

法定代表:__张晓明__   法定代表:__陈建军__

联系电话:__025-52168868__   联系电话:__0551-64267412__

图 4-15 【1月8日业务】原始凭证 1

【任务 2.6】 10 日,销售部王丽丽收到南大便利店的零售日报表。取得相关凭证如图 4-17~图 4-20 所示。

中国工商银行 **进账单** （收账通知） **3**

2023 年 01 月 08 日

出票人	全 称	合肥恒鑫商贸有限公司	收款人	全 称	江苏西域良品电子商贸有限公司
	账 号	6277620185600022		账 号	6220987022300068
	开户银行	中国建设银行双七路中兴西湖花园支行		开户银行	中国工商银行南京市上元大街支行

金额	人民币（大写）	壹万元整	亿 千 百 十 万 千 百 十 元 角 分 ¥ 1 0 0 0 0 0 0

票据种类	转账支票	票据张数	1
票据号码		20156321	

中国□□□□□□□支行
2023.01.08
转讫

复核 （略） 记账 （略）

收款人开户银行签章

图 4 – 16 【1 月 8 日业务】原始凭证 2

零售日报明细 NO：20230129

订货日期	品名	数量	含税单价	价税合计
2023.01.10	MS-201OR 2.4G无线鼠标	30	70.00	2100.00
2023.01.10	月光宝盒 EP2526耳机	50	32.00	1600.00
2023.01.10	HY-KA7 USB无边框键盘	30	55.00	1650.00
	合计			5350.00

图 4 – 17 【1 月 10 日业务】原始凭证 1

出 库 单

出货单位：江苏西域良品电子商贸有限公司　　2023 年 01 月 10 日　　单号：25

提货单位或销售部	南京大学便利店	销售单号		发出仓库	耳机	出库日期	2023年01月10日
编 号	名 称 及 规 格	单 位	数 量 应 发 / 实 发		单 价	金 额	

编 号	名 称 及 规 格	单 位	应 发	实 发	单 价	金 额
402	月光宝盒 EP2526耳机	只	50	50		
	合计		50	50	—	

部门经理：（略）　　会计：（略）　　仓库：（略）　　经办人：（略）

图 4 – 18 【1 月 10 日业务】原始凭证 2

出 库 单

出货单位：**江苏西域良品电子商贸有限公司**　　　2023 年 *01* 月 *10* 日　　　　　　单号：*26*

提货单位或领货部	名称及规格	单位	数量		单价	金额	
南京大学便利店	销售单号		发出仓库 **键盘**	出库日期	2023年01月10日		
编号	名称及规格	单位	应发	实发	单价	金额	会
202	HY-KA7 USB无边框键盘	只	30	30			计
							联
	合计		30	30	—		

部门经理：（略）　　　会计：（略）　　　仓库：（略）　　　经办人：（略）

图 4‑19 【1 月 10 日业务】原始凭证 3

收 款 收 据　　　NO.00490021

2023 年 *01* 月 *10*日

今　收　到 王丽丽

交　来：购货款

金额（大写）　零佰　零拾　零万　伍仟　叁佰　伍拾　零元　零角　零分

¥ *5350.00*　　☑ 现金　□ 支票　□ 信用卡　□ 其他　　**现金收讫**　　收款单位（盖章）

核准略　　会计略　　记账略　　出纳略　　经手人略

图 4‑20 【1 月 10 日业务】原始凭证 4

第三联 交财务

【任务 2.7】　12 日，本月 1 日购入的 50 只 MS－201OR 2.4G 无线鼠标有质量问题，办理退货。取得相关凭证如图 4－21～图 4－23 所示。

图 4－21　【1 月 12 日业务】原始凭证 1

图 4－22　【1 月 12 日业务】原始凭证 2

【任务 2.8】　13 日，采购部邵云飞与紫战公司签订采购合同。取得相关凭证如图 4－24 所示。

中国工商银行 进账单 （收账通知）

2023 年 01 月 12 日   **3**

出票人	全 称	东莞至上制品厂	收款人	全 称	江苏西域良品电子商贸有限公司
	账 号	6222000025532490		账 号	6220987022300068
	开户银行	中国工商银行东莞万江区支行		开户银行	中国工商银行南京市上元大街支行

金额 人民币（大写）：贰仟捌佰贰拾伍元整

亿	千	百	十	万	千	百	十	元	角	分
				¥	2	8	2	5	0	0

票据种类	转账支票	票据张数	1
票据号码	34213799		

复核 （略）   记账 （略）

中国工商银行东莞万江区支行 2023.01.12 转讫

收款人开户银行签章

此联是收款人开户银行交给收款人的收账通知

图 4－23 【1 月 12 日业务】原始凭证 3

购销合同

供货方：广州紫战电子科技有限公司   合同号：CG0003
购买方：江苏西域良品电子商贸有限公司   签订日期：2023年01月13日

为保护买卖双方的合法权益，买卖双方根据《中华人民共和国合同法》的有关规定，经友好协商，一致同意签订本合同并共同遵守。
一、商品的名称、数量及金额

商品名称	规格型号	计量单位	数量	单价（不含税）	金额（不含税）	税率	税额
PKS-820G 超清摄像头		个	500	50.00	25000.00	13%	3250.00
第一眼 L8摄像头		个	400	35.00	14000.00	13%	1820.00
同魔V6摄像头		个	600	20.00	12000.00	13%	2040.00
合 计			1500	—	¥51000.00	—	¥7110.00

货款总计（大写）：人民币伍万捌仟壹佰壹拾元整   （小写）：￥58110.00

二、质量验收标准：按国家行业标准执行。

三、交货日期：2023年01月20日。

四、交货地点：江苏西域良品电子商贸有限公司。

五、结算方式：银行承兑汇票，付款时间：2023年1月20日。

六、发运方式及费用承担：公路运输，相关费用由供货方承担。

七、其 他：存在商品质量及盈余等情况，经双方协商，另行解决。

八、违约条款：违约方须赔偿对方一切经济损失。但遇天灾人祸或其他人力不能控制之因素而导致延误交货，需方不能要求供方赔偿任何损失。

九、合同纠纷解决方式：经双方协商解决，如协商不成的，可向当地仲裁委员会提出申诉解决。

十、本合同一式两份，双方各执一份，自签订之日起生效。

供方（盖章）
税 号：32411577732125727 34567
开户银行：中国银行天河区支行
银行账号：6210060059793452
地 址：广州市天河区石牌西路36号
法定代表：陈小山
联系电话：020-85556888

需方（盖章）
税 号：189002789201014680
开户银行：中国工商银行南京市上元大街支行
银行账号：6220987022300068
地 址：南京市江宁区上元大街18号
法定代表：张晓明
联系电话：025-52168868

图 4－24 【1 月 13 日业务】原始凭证

【任务 2.9】 15 日,支付货款(付款单与核销合并制单)。取得相关凭证如图 4 – 25 所示。

中国工商 银行电汇凭证(回单)

委托日期 2023 年 01 月 15 日　　No. 15647899

汇款人	全称	江苏西域良品电子商贸有限公司	收款人	全称	广州紫战电子科技有限公司
	账号	6220987022300068		账号	6210060059793452
	汇出地点	江苏省 南京市/县		汇入地点	广东省 广州市/县
	汇出行名称	中国工商银行南京市上元大街支行		汇入行名称	中国银行天河区支行

金额 人民币(大写) 伍万捌仟捌佰陆拾柒元整　　亿千百十万千百十元角分　¥5886700

支付密码

附加信息及用途: 采购商品

工商银行南京市上元大街支行 2023.01.15 转讫

汇出行签章

此联汇出行给汇款人的回单

图 4 – 25 【1 月 15 日业务】原始凭证

【任务 2.10】 17 日,收到货款。取得相关凭证如图 4 – 26 所示。

中国银行 进账单 (收账通知)

2023 年 01 月 17 日

出票人	全称	南京金润发超市有限公司	收款人	全称	江苏西域良品电子商贸有限公司
	账号	6222021000255321		账号	6220987022300068
	开户银行	中国银行玄武区丹凤街支行		开户银行	中国工商银行南京市上元大街支行

金额 人民币(大写) 肆万肆仟零柒拾元整　　亿千百十万千百十元角分　¥4407000

票据种类	转账支票	票据张数	1
票据号码	20166542		

中国银行玄武区丹凤街支行 2023.01.17 转讫

复核 (略) 记账 (略)　　　　收款人开户银行签章

此联是收款人开户银行交给收款人的收账通知

4

图 4 – 26 【1 月 17 日业务】原始凭证

【任务 2.11】 20 日,收到从紫战公司采购的商品(CG0003),同时开出银行承兑汇票支付货款。取得相关凭证如图 4-27～图 4-29 所示。

图 4-27 【1 月 20 日业务】原始凭证 1

图 4-28 【1 月 20 日业务】原始凭证 2

【任务 2.12】 25 日,向恒鑫商贸发货,同时收到剩余货款。取得相关凭证如图 4-30～图 4-32 所示。

银行承兑汇票（存根）

3　68791083
68791083

出票日期（大写）　贰零贰叁 年　零壹 月　零贰拾日

出票人全称	江苏西域良品电子商贸有限公司	收款人	全　称	广州紫战电子科技有限公司
出票人账号	6220987022300068		账　号	6210060059793452
付款行名称	中国工商银行南京市上元大街支行		开户银行	中国银行天河区支行

出票金额　人民币（大写）　伍万捌仟壹佰壹拾元整　亿千百十万千百十元角分　￥5811000

汇票到期日（大写）　贰零贰叁年叁月零贰拾日

付款行　行号 678451　地址 南京市江宁区上元大街88号

承兑协议编号　CG0003

密押

备注：　复核　（略）　经办　（略）

此联由出票人存查

图4-29　【1月20日业务】原始凭证3

56341258

江苏增值税专用发票

№56341258
56341258
56341258

此联不作报销、抵扣凭证使用

开票日期：2023年01月25日

购买方	名　称：	合肥恒鑫商贸有限公司	密码区	48*7)+>-2/3-9875/3750384<1948*7)+>-2//51948*7)+>55445 45987>*8574<194561948*7)+>7-7<8*873/+<424 7913-30011521948*7)+>191948*7)+>142)>8-
	纳税人识别号：	321056436126975435		
	地址、电话：	安徽合肥市双七路中兴西湖花园22号，0551-64267412		
	开户行及账号：	中国建设银行双七路中兴西湖花园支行，6277620185600022		

货物或应税劳务、服务名称	规格型号	单位	数量	单价	金额	税率	税额
*电子元件*DX-129入耳式耳机		个	800	40.20	32000.00	13%	4160.00
合　计					￥32000.00		￥4160.00

价税合计（大写）　⊗人民币叁万陆仟壹佰陆拾元整　（小写）￥36160.00

销售方	名　称：	江苏西域良品电子商贸有限公司	备注
	纳税人识别号：	189002789201014680	
	地址、电话：	南京市江宁区上元大街18号，025-52168868	
	开户行及账号：	中国工商银行南京市上元大街支行，6220987022300068	

收款人：（略）　复核：（略）　开票人：（略）　销售方：（章）

第一联：记账联　销售方记账凭证

发票专用章　江苏西域良品电子商贸有限公司　189002789201014680

图4-30　【1月25日业务】原始凭证1

4

出 库 单

出货单位：江苏西域良品电子商贸有限公司　　　2023 年 01 月 25 日　　　　　　单号：28

提货单位或销货部	合肥恒鑫商贸有限公司		销售单号		发出仓库	耳机	出库日期	2023-1-25	
编 号	名称及规格		单位	数　量		单 价	金 额		会
				应 发	实 发				计
403	DX-129 入耳式耳机		个	800	800				联
合计				800	800	—			

部门经理：（略）　　　　会计：（略）　　　　仓库：（略）　　　　经办人：（略）

图 4-31 【1 月 25 日业务】原始凭证 2

中国工商银行 进账单 （收账通知）

3

2023 年 01 月 25 日

出票人	全　称	合肥恒鑫商贸有限公司	收款人	全　称	江苏西域良品电子商贸有限公司
	账　号	6277620185600022		账　号	6220987022300068
	开户银行	中国建设银行双七路中兴西湖花园支行		开户银行	中国工商银行南京市上元大街支行

金额	人民币（大写）	贰万陆仟壹佰陆拾元整	亿	千	百	十	万	千	百	十	元	角	分
						￥	2	6	1	6	0	0	0

票据种类	转账支票	票据张数	1
票据号码	20166369		

中国工商银行南京上元大街支行
2023.01.25
转讫

复核 （略）　记账 （略）　　　　　　　　收款人开户银行签章

此联是收款人开户银行交给收款人的收账通知

图 4-32 【1 月 25 日业务】原始凭证 3

4

【任务 2.13】 30 日,对鼠标库进行盘点,盘亏 MS-201OR 2.4G 无线鼠标 20 个,原因待查。

【任务 2.14】 31 日,经查,盘亏系仓库管理员失职造成,损失由其赔偿。

【任务 2.15】 31 日,结转损益,收入和支出分别结转。

三、会计报表编制

【总体要求】

使用 101 账套的 UFO 报表管理系统完成以下工作任务。(满分 10 分)

【工作任务】

【任务 3.1】 打开考生文件夹%testdir%下名为 zcfzb.rep 的资产负债表,其中有 6 个计算公式未填写,利用账务函数定义计算公式,重新计算并保存。

【任务 3.2】 打开考生文件夹%testdir%下名为 lrb.rep 的利润表,请仔细阅读计算公式,将本月数中的 2 个错误公式修改正确,重新计算并保存。

参考文献

［1］ 王珠强,王海生.会计电算化——用友 ERP - U8V10.1 版［M］.3 版.北京：人民邮电出版社,2021.

［2］ 王新玲.用友 ERP 供应链管理系统实验教程(U8V10.1)［M］.2 版.北京：清华大学出版社,2020.

［3］ 陈明然.会计信息化教程(用友 ERP - U8V10.1)［M］.2 版.北京：高等教育出版社,2018.

［4］ 张琳,李静宜.ERP 供应链管理实务［M］.北京：清华大学出版社,2018.

［5］ 毛华扬,刘红梅,王婧婧.会计信息系统原理与应用——基于用友 ERP - U8V10.1 版［M］.2 版.北京：中国人民大学出版社,2020.

［6］ 周玉清,刘伯莹,周强.ERP 原理与应用教程［M］.4 版.北京：清华大学出版社,2021.

教学资源服务指南

高等教育出版社

感谢您使用本书。为方便教学，我社为教师提供资源下载、样书申请等服务，如贵校已选用本书，您只要关注微信公众号"高职财经教学研究"，或加入下列教师交流QQ群即可免费获得相关服务。

"高职财经教学研究"公众号

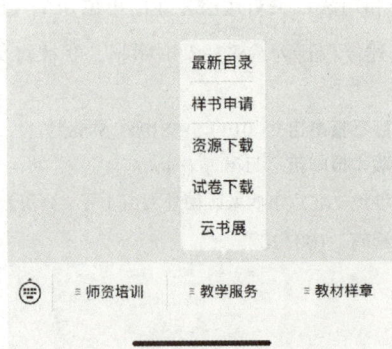

最新目录
样书申请
资源下载
试卷下载
云书展

☰ 师资培训　☰ 教学服务　☰ 教材样章

资源下载： 点击"**教学服务**"—"**资源下载**"，或直接在浏览器中输入网址（http://101.35.126.6/），注册登录后可搜索相应的资源并下载。（建议用电脑浏览器操作）

样书申请： 点击"**教学服务**"—"**样书申请**"，填写相关信息即可申请样书。

试卷下载： 点击"**教学服务**"—"**试卷下载**"，填写相关信息即可下载试卷。

样章下载： 点击"**教材样章**"，即可下载在供教材的前言、目录和样章。

师资培训： 点击"**师资培训**"，获取最新会议信息、直播回放和往期师资培训视频。

📍 联系方式

会计QQ3群：473802328　　会计QQ2群：370279388　　会计QQ1群：554729666

（以上3个会计QQ群，加入任何一个即可获取教学服务，请勿重复加入）

联系电话：（021）56961310　　电子邮箱：3076198581@qq.com

📍 在线试题库及组卷系统

我们研发有10余门课程试题库："基础会计""财务会计""成本计算与管理""财务管理""管理会计""税务会计""税法""审计基础与实务"等，平均每个题库近3000题，知识点全覆盖，题型丰富，可自动组卷与批改。如贵校选用了高教社沪版相关课程教材，我们可免费提供给教师每个题库生成的各6套试卷及答案（Word格式难中易三档，索取方式见上述"试卷下载"），教师也可与我们联系咨询更多试题库详情。